图书在版编目（CIP）数据

我国出口企业市场进入次序的动态选择：基于出口延迟的视角/綦建红，刘慧著．—北京：经济科学出版社，2017.1
（中国经济治略丛书）
ISBN 978-7-5141-7561-5

Ⅰ.①我… Ⅱ.①綦…②刘… Ⅲ.①产品出口-贸易战略-研究-中国 Ⅳ.①F752.61

中国版本图书馆 CIP 数据核字（2016）第 306526 号

责任编辑：于海汛　李一心
责任校对：杨　海
版式设计：齐　杰
责任印制：潘泽新

我国出口企业市场进入次序的动态选择：基于出口延迟的视角
綦建红　刘　慧　著
经济科学出版社出版、发行　新华书店经销
社址：北京市海淀区阜成路甲 28 号　邮编：100142
总编部电话：010-88191217　发行部电话：010-88191522
网址：www.esp.com.cn
电子邮件：esp@esp.com.cn
天猫网店：经济科学出版社旗舰店
网址：http：//jjkxcbs.tmall.com
北京汉德鼎印刷有限公司印刷
三河市华玉装订厂装订
710×1000　16 开　9.75 印张　140000 字
2017 年 2 月第 1 版　2017 年 2 月第 1 次印刷
ISBN 978-7-5141-7561-5　定价：30.00 元
（图书出现印装问题，本社负责调换。电话：010-88191510）

“十三五”国家重点图书

中国经济治略丛书

国家自然科学基金面上项目

我国出口企业市场进入次序的动态选择：基于出口延迟的视角

Dynamic Choice of Market Entry Order
by Exporters in China: From Perspective of Exporting Delays

綦建红　刘　慧　著

中国财经出版传媒集团
经济科学出版社
Economic Science Press

总序

经过了30多年波澜壮阔的改革开放，中国的经济建设成就辉煌、举世瞩目。然而在欣喜之余，我们却蓦然发现，资源枯竭、环境恶化、发展失衡、矛盾凸显……如何克服这些困扰从而实现强国之梦？这已经成为每一位中国人时常思考的问题。作为在中国这片热土上成长起来的经济学者，汲取着经济腾飞的红利，享受着承平盛世的幸福，自然不敢也不该忘忧祖国的困境。总结、梳理我们的经验，守护、完善我们的制度，恪守、坚持我们的目标，均构成了中国经济学者义不容辞的责任与担当。

然而，经济系统纷繁复杂、新生现象如火如荼、现实问题无限细分，利益主体盘根错节，我们既无心更无力全面而深入地分析中国经济所面临的每一个问题。但是，我们深信躬身学习是崛起之道、强壮自身是发展之本。因此，我们选择了美国贸易竞争力、新政治经济学、品牌经济学、中国宏观金融风险、企业出口市场选择、人民币汇率、税收以及收入分配制度改革、“三农”问题等专题，出版了这套《中国经济治略丛书》，希望既能探寻学术研究的科学之道，又能落脚经济学的基本原则——经世济民，竭力让学术探索回归其普惠大众的终极功能。我们试图剖析、破解约束中国经济发展的上述一系列难题，为实现中华民族的振兴之梦贡献自己的绵薄之力。

诚然，囿于时间、知识以及能力，错误与不足之处在所难免，恳请各位前辈后学不吝赐教，以期抛砖引玉，激发对中国经济问题的更多分析或关注。最后，我们感谢所有参与丛书编写工作的专家学者，感谢经济科学出版社总编辑吕萍女士以及其出色的工作团队。

李长英
2016 年仲秋

前言

2013 年 12 月的某个冬日，天气格外寒冷。一场对中国出口贸易增长波动性的讨论却点燃了冬日里难得的热情。当时讨论的伙伴，是中国人民大学经济学院的赵勇副教授，他既是我过去的一位学生，也是一位颇有学术见地、未来潜力无限的青年同仁。讨论的结果是，我们要讲一个与众不同的故事，故事的主角是面对市场进入次序选择的出口延迟者……

这个故事后来入选了国家自然科学基金面上项目“我国出口企业市场进入次序的动态选择：基于出口延迟的视角”(71473150)，部分情节成为我第一个毕业的博士生刘慧的博士论文选题，还有更多的情节则成为今天呈现在读者面前的、我和刘慧博士共同撰写的这本著作。

故事的起因在于，中国出口贸易在经历高速增长的同时，也逐渐暴露出波动性与脆弱性。已有研究成果表明，中国出口的高速增长主要得益于“以数量取胜”的深度边际增长，而以“新产品、新市场”为衡量维度的扩展边际对出口增长的贡献很小，这不仅可以解释“粗放型”增长方式是我国出口脆弱性的根源之一，而且彰显出充分挖掘扩展边际是实现我国出口转向“集约型”增长方式的重要途径。然而反观现实情形，在中国、墨西哥、智利、哥伦比亚等新兴国家，相当一部分企业在出口过程中出现了耐人寻味的“出口延迟”现象——虽然这些企业具备出口新产品、进入新市场的能力，但是依然会选择等待与延迟策略，直至观察到其他企业出口成功后，才会进行模仿与再出口。

值得深思的是，在国际市场竞争日益激烈的背景下，出口延迟行为已直接影响到企业出口的绩效与成败。究其原因，出口延迟虽然可以获得先驱者的溢出效应，消除出口不确定性，但同时也丧失了先动优势，在新市场上的存活与扩张难度均有所增加。这就要求出口企业必须结合自身异质性和东道国市场，对这两种力量进行对比与权衡。不仅如此，企业的出口延迟行为还在一定程度上抑制了一国出口扩展边际的提升，因此有必要去洞悉企业为什么出口新产品、为什么进入新市场的动力不足，从而反思、调整与改进现有的贸易扶持措施。

基于这样的出发点，我们按照以下逻辑梳理出故事的主要情节：

第3章旨在构建整个故事的理论依据与框架，即企业延迟出口的动因在于，出口开拓者在国际市场上积累的知识，不仅有利于提高出口管理水平，而且有利于降低在外国市场上经营的不确定性，因此对出口延迟者而言，等待和延迟提高了产品出口的盈利性。从长期来看，在其他条件相同时，这些知识和信息大大提高了出口延迟者的收益，甚至有可能产生出口收益最大化。基于Dixit和Pindyck（1994）的实物期权模型，可进一步构建企业出口延迟决策的理论模型，并利用比较静态分析法剖析各参数对企业出口延迟时机决策的影响。

第4章考虑到现有文献多以企业为基本单位进行研究，与现实经济生活中多产品、多市场出口企业占比较高的实际情况并不吻合。因此，不能简单地将企业视为一个整体，而是必须注意不同产品和不同市场的特征。为此，这一章通过匹配《中国工业企业数据库》和《中国海关数据库》，沿着扩展边际筛选出2001～2006年间中国出口的“新的产品—市场组合”，并分别从出口总体特征、新组合特征、产品和国家特征和企业特征等角度，全面刻画中国2001～2006年出口开拓者与出口延迟者在进行新组合出口时所作出的市场进入次序选择。结果显示，在本书所整理的

865241个观测样本中，出口延迟者的观测样本为13537个，占比高达79.65%，反映了出口延迟者在我国新组合出口中的重要作用。与此同时，与出口开拓者个数逐年递减的趋势不同，出口延迟者个数在样本期内大幅增加，从2002年的992家激增至2006年的7911家，这既得益于新组合数累计量的逐年增加，也得益于出口开拓者溢出效应的存在。在此基础上，考虑到越来越多的出口企业转化为对外直接投资（OFDI）企业，本章一并给出了这些企业在海外扩张、进入国际市场的过程中所展现出的投资延迟特征。

在列举典型化事实的基础上，第5章采用多种计量方法依次回答和检验了三个问题：首先，在每一种提升扩展边际的新组合中，企业是充当出口开拓者还是出口延迟者的选择，是由企业微观特征和东道国宏观环境共同决定的，其中规模越大、生产率越高、生产成本越低、面临的竞争越小、信贷约束越弱的企业，越倾向于充当扩展边际提升的出口开拓者。其次，在面对多种新组合时，不同企业如何决策充当出口开拓者与出口延迟者的次数（是只充当一种新组合的出口开拓者或出口延迟者，还是选择在多种新组合中扮演出口开拓者或出口延迟者的角色），其决策是由规模、生产率、信贷约束等异质性因素所决定的，且在不同所有权性质企业中呈现出明显的差异。最后，一旦企业决定在某些新组合中成为出口延迟者，那么何时跟随出口开拓者进入市场（是在出口开拓者出口后立即跟随还是在出口开拓者出口几年后再进行跟随），还会受到出口开拓者出口成长绩效及其产品特性的影响，进一步验证了出口开拓者与出口延迟者之间的拥挤效应与溢出效应。

第6章通过将出口延迟者拓展到投资延迟者，描述了与第5章相并列的故事情节，即采用2000~2010年《中国工业企业数据库》与《境外投资企业（机构）名录》的匹配数据，运用Cox模型等对3013个企业—市场投资样本进行生存分析，结果发现，我国高达88%的OFDI企业会选择成为延迟投资者，其影响因素在于：中国较高的真实利率会降低企业立即投资的概率，促使企业延迟投资；企业的生产率越高、东道国经济增长越快，越会促进企业尽早投资；较少的企业出口经验、较大的东道国投资风险与两国较远的地理距离均会增大企业投资的不确定性，促使企业推迟投资；国有企业和东部地区企业的投资延迟时间长于非国有企业和中西部企业。

如果说第6章的基本检验结果是将开拓者对出口延迟者溢出效应的存在作为既定事实，那么在现实经济生活中，出口延迟者是否真的受益于开拓者尚待进一步的检验，其中第7章重点考察出口延迟者获取的短期溢出效应，并从两个角度加以验证：一是成功的开拓者是否拥有更多的出口延迟者？结果证实，在控制新组合出口时间的情况下，出口延迟者的个数随着开拓者生存年限的延长而增加，验证了出口延迟者受益于开拓者溢出效应的假设，而基于产品种类的分组检验进一步显示这种溢出效应在制成品中作用较小；二是出口延迟者是否比开拓者拥有更多的出口量？结果表明，在出口的第一年，出口延迟者的出口总量明显高于开拓者，而且这种差异主要来源于企业出口数量，而非价格水平，进一步证实了出口延迟者受益于开拓者的事实，而基于产品种类的分组检验亦再次予以了佐证。

与第7章不同，第8章重点考察出口延迟者获取的长期溢出效应，同样提出与回答了两个问题：一是出口企业延迟进入国际市场，是否是基于企业生产率而作出的“自选择”吗？结果证实，高生产率企业在出口中倾向于充当开拓者，而低生产率企业则倾向于充当出口延迟者。基于产品种类的分组检验进一步显示，企业生产率的自选择作用在制成品出口中得以彰显，但在初级产品和农产品出口中并不显著；二是市场进入次序会对企业出口后生产率的提升速度产生不同影响吗？结果表明，在短期内，出口延迟者的生产率增速高于开拓者，但是随着时间推移，开拓者的先发优势越发显著，其生产率增速明显优于出口延迟者。换言之，从长期来看，出口延迟者获取的长期溢出效应相对有限。

第9章作为故事的结尾，给出了结论总结，分别从微观和宏观层面提出指导我国出口企业市场进入次序选择的若干建议，并结合本书研究过程中的“新发现”，对这一主题的研究提出了未来的展望与研究的拓展。

本书付梓问世之际，临屏写序，诸多谢意，浮亘于心：

感谢故事灵感的提出者——赵勇副教授，我们不仅常常讨论故事的各种情节，还一起合作发表论文；最重要的是，他会经常在我们的故事成文中提出各种修改意见，包括数据匹配、内容衔接和计量方法等，是我学术道路上相知相伴的同行者。

感谢故事写作的主力军——刘慧博士，三年的博士生活中她发表了9篇学术论文，获得了包括国家奖学金、校长奖学金在内的一系列奖项，也使我收获了可以一同讨论文献、分享数据和观点的合作者。

感谢故事讲述的资助者——国家自然科学基金，让我不仅能够购买大量数据和软件，前往全国各地调查各类出口企业，而且能够邀请来自美国、澳大利亚等高校的“志同道合者”，共同写作与发表英文论文。

感谢故事出版的组织者——山东大学经济学院，从联系出版社，到选题申报，再到出资印刷，大大节省了笔者出版著作的各种“进入成本”。可以说，没有学院的组织和资助，本书的很多故事情节都会沉寂在那里，难以与读者分享。

感谢故事成书的实现者——经济科学出版社社长吕萍女士和责任编辑为本书“视若己出”的辛勤付出。

学术之路费心费力，固然艰辛，但是因为热爱，始终欢愉。“大爱如斯方若恨，十年踪迹十年心”，是以自勉。

綦建红

2016年11月于山东济南

CONTENTS 目录

图表目录

第 1 章

导　　言

1.1　选题背景与意义

中国出口贸易在经历高速增长的同时，也逐渐暴露出波动性与脆弱性。如图 1-1 所示，自 2001 年中国加入 WTO 以来，中国的贸易出口量出现了爆炸性增长，由 2001 年的 2660.98 亿美元迅速增长到 2015 年的 22743 亿美元。但在经历高增长的同时，2008 年的一场全球经济危机也充分暴露出我国出口增长的脆弱性，在遭受经济危机的冲击后，我国出口量

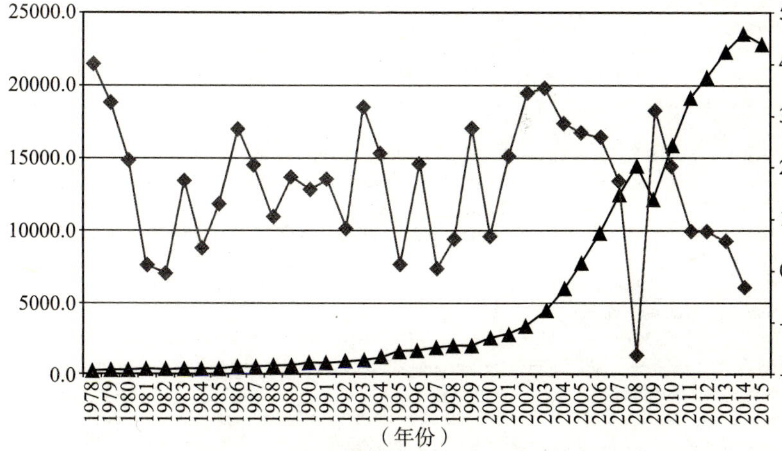

图 1-1　1978～2015 年中国出口额和出口增长率

资料来源：中国统计局网站（http：//data. stats. gov. cn/easyquery. htm？ cn = C01）。

在2009年急速下降，降幅高达16%，这种高增长、高降落的出口增长模式，不利于我国出口贸易乃至整个宏观经济的稳定发展。

已有研究成果表明，中国出口的高速增长主要得益于“以数量取胜”的深度边际增长，而以“新产品、新市场”为衡量维度的扩展边际对出口增长的贡献很小（钱学峰、熊平，2010）①，这不仅可以解释“粗放型”增长方式是我国出口脆弱性的根源之一，而且彰显出充分挖掘扩展边际是实现我国出口转向“集约型”增长方式的重要途径。在这种背景下，探究和分析中国企业出口新产品、进入新市场的行为就显得尤为重要。

近年来，随着以Melitz（2003）② 为代表的异质性贸易理论的兴起，基于微观企业数据的出口行为研究不断涌现，创新性地解释了为什么有些企业会选择出口（Bernard and Jenson，2004③；Chaney，2008④；Hallak and Sivadasan，2011⑤；Kulger and Verhoogen，2012⑥）、企业以何种模式进入国外市场（Antras，2003⑦；Helpman et al.，2004⑧）、企业将产品出口至何地（Eaton et al.，2008⑨；Schmeiser，2012⑩）以及企业出口数量的决定（Brooks，2006⑪；Lawless and Whelan，2014⑫）等一系列现象。这

① 钱学锋、熊平：《中国出口增长的二元边际及其因素决定》，载《经济研究》2010年第1期。

② Melitz，M.，2003，“The Impact of Trade on Intra-industry Reallocations and Aggregate Industry Productivity”，*Econometrica*，71，pp. 1695－1725.

③ Bernard，A. B. and J. B. Jensen，2004，“Why Some Firms Export”，*Review of Economics and Statistics*，86（2），pp. 561－569.

④ Chaney，T.，2008，“Distorted Gravity：The Intensive and Extensive Margins of International Trade”，*American Economic Review*，98（4），pp. 1707－1721.

⑤ Hallak，J. C. and J. Sivadasan，2013，“Product and Process Productivity：Implications for Quality Choice and Conditional Exporter Premia”，*Journal of International Economics*，91（1），pp. 53－67.

⑥ Kugler，M. and E. Verhoogen，2012，“Product Quality at the Plant Level：Plant Size，Exports，Output Prices and Input Prices in Colombia”. *Review of Economic Studies*，79（1），pp. 307－339.

⑦ Antras，P.，2003，“Firms，Contracts and Trade Structure”，*Quarterly Journal of Economics*，11，pp. 1375－1418.

⑧ Helpman，E.，Melitz M. J. and S. R. Yeaple，2004，“Export versus FDI with Heterogeneous Firms”，*American Economic Review*，94（1），pp. 300－316.

⑨ Eaton，J.，E. Marcela.，M. Kuglery and J. Tybout，2008，“Export Dynamics in Colombia：Transactions Level Evidence”，Borradores de Economia，Banco de la Republica de Colombia 522，Banco de la Republica de Colombia.

⑩ Schmeiser，K. N.，2012，“Learning to Export：Export Growth and The Destination Decision of Firms”，*Journal of International Economics*，87，pp. 89－97.

⑪ Brooks，E.，2006，“Why Don't Firms Export More? Product Quality and Colombian Plants”，*Journal of Development Economics*，80（1），pp. 160－178.

⑫ Lawless，M. and K. Whelan，2014，“Where Do Firms Export，How much and Why?”，*World Economy*，37（8），pp. 1027－1050.

些研究不仅丰富和发展了传统的国际贸易理论，而且也从不同角度对企业的出口行为作出了诠释。

令人遗憾的是，现有文献忽略了企业出口行为中的一项重要内容——市场进入次序的选择（Gaba et al.，2002①；Naude and Rossouw，2010②）。众所周知，异质性企业理论将出口视为“自选择”的结果，认为只有当企业生产率等异质性特征确保出口项目的收益大于进入成本时，企业才会出口。换言之，企业项目的这种决策方法是以传统公司金融中的净现值法（NPV）为理论基础的。按照这一理论，投资是不可延迟的，即企业面对的是“现在投资和绝不投资”之间的选择，一旦企业决定现在不投资，则等价于永远不投资（Dixit and Pindyck，1994③）。从这个角度讲，虽然企业是否出口是基于自身特征的“自选择”，但是市场进入次序或时机的决策，却是基于出口净现值的“被动选择”。

从理论的解释力来看，该理论显然忽略了企业出口决策中的四个重要事实：一是出口的进入成本是不可逆的（Dixit，1989④；Baldwin，1998⑤；Bernard and Jensen，2004⑥）；二是出口的未来收益是不确定的（Segura－Cayuela and Vilarrubia，2008⑦；Albornoz et al.，2012⑧）；三是出口的时机是可延迟的（Albornoz et al.，2012；Iacovone and Javorcik，2010⑨；Wagner and Zahler，2015⑩）；四是出口企业之间存在竞争性的策略互动。根据期权博弈理论（Option game theory），在存在以上情况时，一方面，基于

① Gaba，V.，Y. Pan and G. Ungson，2002，“Timing of Entry in International Market：An Empirical Study of U. S. Fortune 500 Firms in China”，*Journal of International Business Studies*，33（1），pp. 39－55.

② Naude，W and S. Rossouw，2010，“Early International Entrepreneurship in China：Extent and Determinants”，*Journal of International Entrepreneurship*，8（1），pp. 87－111.

③ Dixit，A. K and R. S. Pindyck，1994，“Investment under Uncertainty”，Princeton University Press.

④ Dixit，A.，1989，“Entry and Exit Decision Under Uncertainty”，*Journal of Political Economy*，97，pp. 620－638.

⑤ Baldwin，R.，1998，“Hysteresis in import prices：the beachhead effect”，*The American Economic Review*，78（4），pp. 773－785.

⑥ Bernard，A. B. and J. B. Jensen，2004，“Why Some Firms Export”，*Review of Economics and Statistics*，86（2），pp. 561－569.

⑦ Segura－Cayuela，R. and J. M. Vilarrubia，2008，“Uncertainty and Entry into Export Markets”，Banco de Espaa Working Paper，No. 081.

⑧ Albornoz，F.，F. Hector.，C. Pardo.，G. Corcos and E. Ornelas，2012，“Sequential Exporting”，*Journal of International Economics*，88（1），pp. 17－31.

⑨ Iacovone，L. and B. Javorcik，2010，“Multi-product Exporters：Product Churning，Uncertainty and Export Discoveries”，*Economic Journal*，120，pp. 481－499.

⑩ Wagner，R. and A. Zahler，2015，“New Exporters From Emerging Markets：Do Followers Benefit From Pioneers?”，*Journal of Development Economics*，114，pp. 203－223.

NPV 法的企业出口决策的正确性值得商榷。这是因为，在出口项目可延迟的情况下，企业的延迟出口可以视为持有一个“看涨期权”，此“期权价值”的存在会促使企业进行延迟，从而等待更好的时机执行期权，进行出口。换言之，净现值为零只是企业进行出口的必要条件，而非充分条件。另一方面，企业的出口决策不仅体现为何时出口，更体现在如何进行开拓和跟随的抉择，即进入次序的选择上，后者更是决定企业在国际市场上成败与否的重要因素（Naude and Rossouw，2010）①，也是异质性企业贸易理论所忽略的重要内容。

观察现实经济生活，可以发现在许多新兴国家，部分企业即使具备将新产品出口至新市场的能力，仍然会选择“出口延迟”策略，直至观察到其他企业出口后，才会进行模仿与出口。例如，Iacovone and Javorcik（2010）利用墨西哥 1995 ~ 2003 年的数据发现，致力于新产品发现、充当出口开拓者的企业总数为 1587 家，而选择充当出口延迟者的企业有 5607 家，其比例高达 72%。无独有偶，Wagner and Zahler（2014）② 采用智利 1995 ~ 2006 年的企业数据也发现，在 295 种新产品中，345 家企业参与了新产品的出口，共涉及产品—企业观测值 444 个，其中出口开拓者的观测个数为 136，出口延迟者的观测值个数为 308。显然，企业出口次序的这种“自选择”行为，无法在基于净现值法的异质性企业理论框架下得到解释。

进一步反观现实，一方面，在国际市场竞争日益激烈的情况下，出口延迟者虽然可以获得出口开拓者的溢出效应，消除出口不确定性，但同时也丧失了先动优势，其出口次序取决于这两种力量权衡与博弈的结果。因此，市场进入次序的选择正确与否，直接关乎企业出口成败（Naude and Rossouw，2010③；Naude et al.，2013④）。另一方面，扩展边际对一国出口的可持续性增长具有重要作用（Bernard et al.，2009⑤），而企业在新产品、新市场出口中的延迟与跟随行为，显然会在一定程度上抑制扩展边际的增

---

① Naude，W. and S. Rossouw，2010，“Early International Entrepreneurship in China：Extent and Determinants”，*Journal of International Entrepreneurship*，8（1），pp. 87 – 111.

② Wagner，R. and A. Zahler，2014，“New Exports from Emerging Markets：Do Followers Benefit from Pioneers?”，*Journal of Development Economics*，forthcoming，2014.

③ Naude，W. and S. Rossouw，2010，“Early International Entrepreneurship in China：Extent and Determinants”，*Journal of International Entrepreneurship*，8（1），pp. 87 – 111.

④ Naude，W.，T. Gries and N. Bilkic，2013，“Firm-level Heterogeneity and the Decision to Export：A Real Option Approach”，IZA DP，No. 7346.

⑤ Bernard，A. B.，J. B. Jensen.，S. J. Redding and P. K. Schott，2009，“The Margins of US Trade”，*American Economic Review*，99（2），pp. 487 – 493.

长（Hausmann and Rodrik, 2003①）。特别之于中国而言，近年来出口增长之所以呈现令人忧虑的波动态势，其原因之一在于出口增长过度依赖深度边际，而非扩展边际（钱学峰和熊平，2010）②。因此，研究我国出口企业的市场进入次序，不仅有助于理论上拓展异质性企业理论，增强对现实的解释力与预见力，而且也有助于提升扩展边际，促进我国出口的可持续增长。

1.2 相关概念界定

1.2.1 扩展边际

长期以来，国际贸易领域的研究均以“企业同质”为假设前提，但以Melitz（2003）为代表的异质性企业贸易理论突破了“同质”假设，力求以企业和产品等微观数据为基础解释贸易行为，而在此基础上提出的“二元边际”更是吸引了众多学者的目光。传统贸易理论将一国贸易量的增长归因于现有产品出口数量的增加，而异质性企业贸易理论将贸易的增长分解为扩展边际（Extensive margin）和深度边际（Intensive margin），以“二维分解”拓展了传统理论中的“一维分解”。根据所采用微观数据的不同，对扩展边际的定义可分为三类：

第一类是基于企业层面，将扩展边际定义为“新企业”的进入和“旧企业”的退出，与此同时，将深度边际解释为“旧企业”出口量的增加。这类分析对数据的要求较高，因此目前只有少数文献采用此法。例如，Albornoz et al.（2012）③ 采用阿根廷的企业层面数据，发现在出口市场中成功经营的企业必须同时实现扩展边际和深度边际的增长。Eaton et al.（2008）④ 以哥伦比亚为研究对象，通过追踪 1996～2005 年该国企业

① Hausmann, R. and D. Rodrik, 2003, “Economic Development as Self－Discovery”, *Journal of Development Economics*, 72, pp. 603－633.

② 钱学锋、熊平：《中国出口增长的二元边际及其因素决定》，载《经济研究》2010 年第1期。

③ Albornoz, F., F. Hector., C. Pardo., G. Corcos and E. Ornelas, 2012, “Sequential Exporting”, *Journal of International Economics*, 88（1）, pp. 17－31.

④ Eaton, J., E. Marcela., M. Kuglery and J. Tybout, 2008, “Export Dynamics in Colombia: Transactions Level Evidence”, Borradores de Economia, Banco de la Republica de Colombia 522, Banco de la Republica de Colombia.

的进入与退出情况，发现哥伦比亚的出口主要依赖于少数规模大的优质企业，此类企业对出口增长的贡献占到3/4，而企业的进入和退出对出口增长的贡献只有26%，据此得出结论：哥伦比亚出口的增长更多受深度边际而非扩展边际的影响。Bernard et al.（2010）① 对美国企业层面数据的分析则发现，美国贸易量的变动在短期内主要归因于深度边际的变动，但随着观测时间的延长，扩展边际对贸易的贡献度在增大。

第二类是基于产品层面，将扩展边际定义为出口“新的产品种类”，深度边际定义为“旧的产品种类”出口量的增加。由于产品层面数据的易得性，国外学者多青睐该种方法。例如，Hummels and Klenow（2005）② 采用HS-6位级产品数据，对1995年110个出口国家、59个进口国家的横截面数据进行研究，发现在较大经济体中，扩展边际对出口增长的贡献高达2/3，对进口的贡献达到1/3。Amiti and Freund（2008）③、Amurgo-Pacheco et al.（2008）④ 的研究也进一步表明，深度边际能够解释大部分贸易量的增长，但对于部分发展中国家，扩展边际的贡献度有所提高。钱学锋（2008）⑤、钱学锋和熊平（2010）⑥、施炳展（2010）⑦ 等大部分国内学者对二元边际的分析，同样也是基于产品种类数据进行的。

第三类是从双边贸易关系角度，把扩展边际定义为“新贸易关系的建立”和“旧贸易关系的解除”。例如，Felbermayr and Kohler（2004）⑧ 发现，在1950~1997年的大部分时间里，深度边际对世界贸易增长具有显著的作用，而扩展边际对贸易增长的带动作用并没有得到充分的挖掘。与之相类似，Besedes and Prusa（2011）⑨ 亦发现深度边际对贸易增长的贡献

---

① Bernard A. B., Jensen J. B., Redding S. J. et al., 2010, “Wholesalers and Retailers in US Trade”, *American Economic Review*, 100 (2), pp. 408-413.

② Hummels, D. and Klenow, P. J., 2005, “The Variety and Quality of a Nation's Exports”, *American Economic Review*, 95 (6), pp. 704-723.

③ Amiti, M., and C. Freund, 2008, “The Anatomy of China's Export Growth”, *Social Science Electronic Publishing*, 199 (5), pp. 1-29.

④ Amurgo-Pacheco, A. and M. D. Piérola, 2008, “Patterns of Export Diversification in Developing Countries: Intensive and Extensive Margins”, HEI Working Paper, No. 20/2007.

⑤ 钱学锋：《企业异质性、贸易成本与中国出口增长的二元边际》，载《管理世界》2008年第9期。

⑥ 钱学锋、熊平：《中国出口增长的二元边际及其因素决定》，载《经济研究》2010年第1期。

⑦ 施炳展：《中国出口增长的三元边际》，载《经济学（季刊）》2010年第9卷第4期。

⑧ Felbermayr, G. J. and W. Kohler, 2004, “Exploring the Intensive and Extensive Margins of World Trade”, *Review of World Economics*, 142 (4), pp. 642-674.

⑨ Besedes, T. and T. J. Prusa, 2011, “The Role of Extensive and Intensive Margins and Export Growth”, *Journal of Development Economics*, 96 (2), pp. 371-379.

率高于扩展边际。

需要指出的是，考虑到在现实经济生活中，多产品、多市场出口企业占比较高（Goldberg et al.，2010①；钱学锋、王胜和陈勇兵，2013②），而同一企业在不同产品、不同市场中出口次序的选择是不同的，本书将融合第二和第三种分类方法，将扩展边际定义为“新的产品—市场组合的出口”，即在产品与双边贸易关系层面将扩展边际定义为旧产品旧市场的新组合、旧产品出口到新市场、新产品至旧市场、新产品出口到新市场四个组成部分，本书统称为“新组合”。

1.2.2 市场进入时机

出口企业的市场进入时机是本书研究的主要内容。长期以来，对企业进入时机的界定具有绝对时机和相对时机之分。绝对时机是指确定企业进行出口的时间点，相对时机则指企业是否先行于特定竞争者进行出口，即转换为开拓和跟随的抉择。鉴于企业间竞争关系的存在，本书中的出口企业市场进入时机专指相对进入时机，即企业市场进入次序的抉择。

由于数据的局限性，本书所定义的出口开拓者，并不严格指第一个进入市场的出口企业，而是指在新组合出口第一年进入市场的企业；与之相对应，出口延迟者则为在新组合出口至少一年后才进入市场的企业。

1.3 研究路线和主要内容

1.3.1 研究路线

本书的研究路线，见图1－2。

① Goldberg，P.，A. Khandelwal，N. Pavcnik and P. Topalova，2010，“Multi-product Firms and Product Turnover in the Developing World：Evidence from India”，*Review of Economics and Statistics*，92(4)，pp. 1042－1049.

② 钱学锋、王胜、陈勇兵：《中国的多产品出口企业及其产品范围：事实与解释》，载《管理世界》2013年第1期。

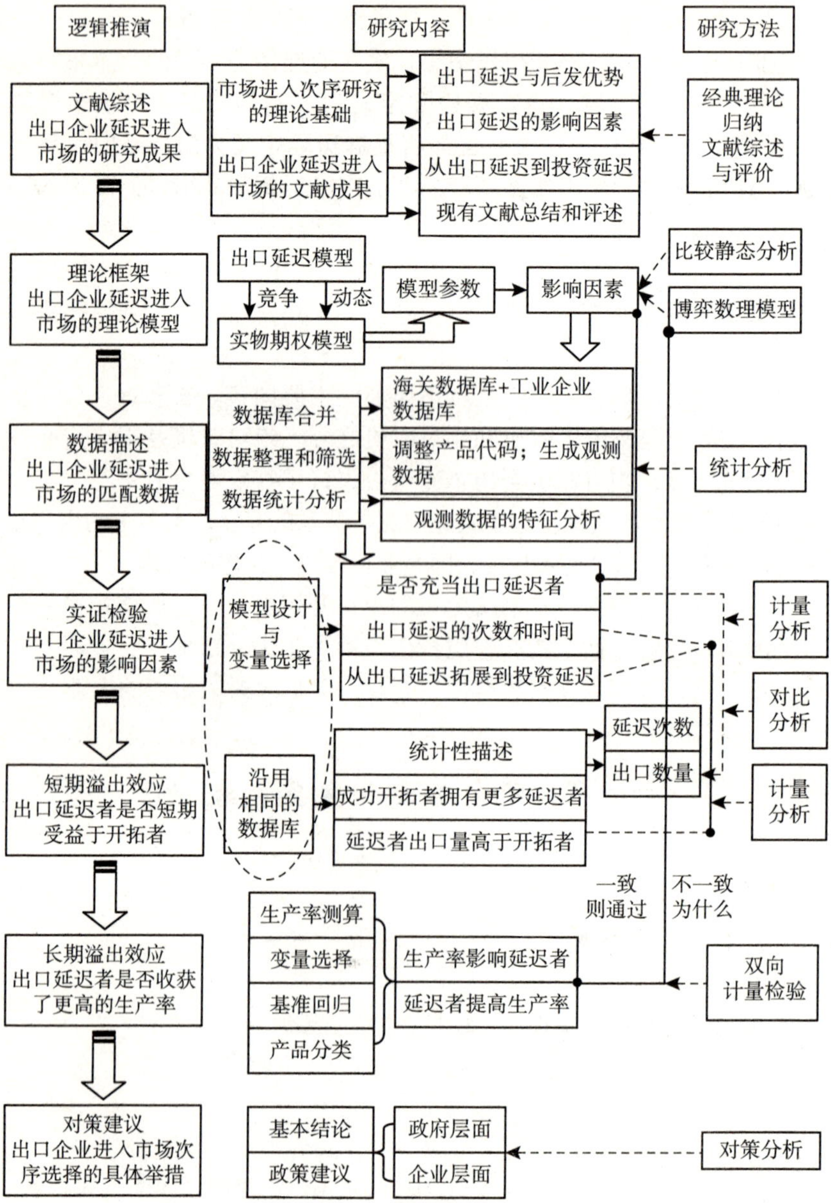
逻辑推演
研究内容
研究方法
文献综述
出口企业延迟进入
市场的研究成果
市场进入次序研究
的理论基础
出口企业延迟进入
市场的文献成果
出口延迟与后发优势
出口延迟的影响因素
从出口延迟到投资延迟
现有文献总结和评述
经典理论
归纳
文献综述
与评价
理论框架
出口企业延迟进入
市场的理论模型
出口延迟模型
竞争
动态
实物期权模型
模型参数
影响因素
比较静态分析
博弈数理模型
数据描述
出口企业延迟进入
市场的匹配数据
数据库合并
数据整理和筛选
数据统计分析
海关数据库+工业企业
数据库
调整产品代码；生成观测
数据
观测数据的特征分析
统计分析
实证检验
出口企业延迟进入
市场的影响因素
模型设计
与
变量选择
是否充当出口延迟者
出口延迟的次数和时间
从出口延迟拓展到投资延迟
计量
分析
对比
分析
短期溢出效应
出口延迟者是否短期
受益于开拓者
沿用
相同的
数据库
统计性描述
成功开拓者拥有更多延迟者
延迟者出口量高于开拓者
延迟次数
出口数量
计量
分析
一致
则通过
不一致
为什么
长期溢出效应
出口延迟者是否收获
了更高的生产率
生产率测算
变量选择
基准回归
产品分类
生产率影响延迟者
延迟者提高生产率
双向
计量检验
对策建议
出口企业进入市场次
序选择的具体举措
基本结论
政策建议
政府层面
企业层面
对策分析

图1－2　本书技术线路图

1.3.2 主要内容

本书的研究内容共分为9章，核心内容如下：

第1章，导言。主要介绍了本书的选题背景和意义、相关概念、研究方法、研究思路、主要内容和创新点。

第2章，国内外文献综述。首先，通过对比出口开拓者的先发优势与出口延迟者的后发优势，从降低进入成本、消除出口不确定性和提高企业生产率等方面综述了出口延迟者从出口开拓者那里获取的显著溢出效应；其次，对影响企业选择出口延迟的因素加以整理，既包括企业规模、生产率等微观变量，也包括东道国风险等宏观变量。再次，随着经济全球化和企业国际化进程的加速，很多企业不仅展现了出口延迟，还展现出投资延迟，对此现象进行解释的文献近年来不断涌现。最后，在文献梳理的基础上，对现有文献进行总结和评述。结果发现，中国作为世界第一贸易大国和典型的新兴国家，其企业进入国际市场次序的相关研究尚为空白。现有文献不仅多以企业为基本单位进行研究，忽视了不同产品和市场的特征，而且并未刻画出口延迟者的角色定位、充当次数、跟随时间、所有权差异等全方位内容。这些不足正是本书研究的初衷之一。

第3章，理论模型构建。本章在提出模型假设的基础上指出，企业延迟出口的动因在于，出口开拓者在国际市场上积累的知识，不仅有利于提高出口管理水平，而且有利于降低在外国市场上经营的不确定性，因此对出口延迟者而言，等待和延迟提高了产品出口的盈利性。从长期来看，在其他条件相同时，这些知识和信息大大提高了出口延迟者的收益，甚至有可能产生出口收益最大化。进而，本章基于 Dixit and Pindyck（1994）的实物期权模型，构建企业出口延迟决策的理论模型，并利用比较静态分析法剖析各参数对企业出口延迟时机决策的影响。该理论模型的建立，为本书下文的实证检验与分析提供了理论框架与基础。

第4章，典型化事实描述。本章利用2000～2006年《中国工业企业数据库》和《中国海关数据库》的合并数据，沿着扩展边际筛选出2001～2006年中国出口的“新的产品—市场组合”（简称“新组合”），并在此基础上匹配出企业数据。根据所得数据，定义每种新组合出口的开拓者与延迟者，并分别从总体特征、新组合特征、产品特征和企业特征等角度，全面刻画中国2001～2006年出口开拓者与出口延迟者在进行新组合出口时所作出的市场进入次序选择，从而为后文的实证分析奠定数据基础。

第5章，企业是否充当出口延迟者的实证分析。本章以“新组合”出口的企业市场进入次序为研究对象，采用二值选择等多种计量模型对企业—产品—国家三维数据进行分析，依次回答和检验了三个问题：首先，在每一种提升扩展边际的新组合中，企业充当出口开拓者还是出口延迟者的选择，是由企业微观特征和东道国宏观环境共同决定的，其中规模越大、生产率越高、生产成本越低、面临的竞争越小、信贷约束越弱的企业，越倾向于充当扩展边际提升的出口开拓者。其次，在面对多种新组合时，不同企业如何决策充当出口开拓者与出口延迟者的次数（是只充当一种新组合的出口开拓者或出口延迟者，还是选择在多种新组合中扮演出口开拓者或出口延迟者的角色），其决策是由规模、生产率、信贷约束等异质性因素所决定的，且在不同所有权性质企业中呈现出明显的差异。最后，一旦企业决定在某些新组合中成为出口延迟者，那么何时跟随出口开拓者进入市场（是在出口开拓者出口后立即跟随还是在出口开拓者出口几年后再进行跟随），还会受到开拓者出口成长绩效及其产品特性的影响，进一步验证了出口开拓者与出口延迟者之间的拥挤效应与溢出效应。

第6章，从出口延迟拓展到投资延迟的实证分析。本章采用2000～2010年《中国工业企业数据库》与《境外投资企业（机构）名录》的匹配数据，运用Cox模型等对3013个企业—市场投资样本进行生存分析，结果发现，我国高达88%的OFDI企业会选择成为延迟投资者，其影响因素在于：中国较高的真实利率会降低企业立即投资的概率，促使企业延迟投资；企业的生产率越高、东道国经济增长越快，越会促进企业尽早投资；较少的企业出口经验、较大的东道国投资风险与两国较远的地理距离均会增大企业投资的不确定性，促使企业推迟投资；国有企业和东部地区企业的投资延迟时间长于非国有企业和中西部企业。

第7章，出口延迟者获取的短期溢出效应考察。本章从两个角度对出口延迟者受益于开拓者的短期效应加以验证：一是成功的开拓者是否拥有更多的出口延迟者？结果证实，在控制新组合出口时间的情况下，出口延迟者个数随着开拓者生存年限的延长而增加，验证了出口延迟者受益于开拓者溢出效应的假设，而基于产品种类的分组检验进一步显示这种溢出效应在制成品中作用较小；二是出口延迟者是否比开拓者拥有更多的出口量？结果表明，在出口的第一年，出口延迟者的出口总量明显高于开拓者，而且这种差异主要来源于企业出口数量，而非价格水平，进一步证实了出口延迟者受益于开拓者的事实，而基于产品种类的分组检验亦再次予以了佐证。

第8章，出口延迟者获取的长期溢出效应考察。本章同样提出与回答了两个问题：一是出口企业延迟进入国际市场，是否是基于企业生产率而作出的“自选择”吗？结果证实，高生产率企业在出口中倾向于充当开拓者，而低生产率企业则倾向于充当出口延迟者。基于产品种类的分组检验进一步显示，企业生产率的自选择作用在制成品出口中得以彰显，但在初级产品和农产品出口中并不显著；二是市场进入次序会对企业出口后生产率的提升速度产生不同影响吗？结果表明，在短期内，出口延迟者的生产率增速高于开拓者，但是随着时间推移，开拓者的先发优势愈发显著，其生产率增速明显优于出口延迟者。换言之，从长期来看，出口延迟者获取的长期溢出效应相对有限。

第9章，结论、政策建议与研究展望。在归纳概括全文研究结论的基础上，本章分别从微观角度和宏观角度为我国出口企业的市场进入次序选择以及我国出口贸易的稳定发展提出了相关的政策建议，并指出了现有研究的不足与未来的研究方向。

1.4 主要研究方法

1.4.1 理论分析与实证检验相结合

在理论分析方面，本书第3章在综合运用国际贸易学、金融学和博弈论等学科的相关理论，构建一个分析中国出口企业市场进入次序选择的综合性分析框架。与之相呼应，在第5~8章的实证分析方面，本书利用《中国海关数据库》和《中国工业企业数据库》的微观匹配数据，不仅采用二值选择模型对企业规模、生产率和出口经验等微观变量和东道国宏观变量进行定量分析和实证检验，而且利用计数模型、生存模型等多种计量方法对出口延迟者受益于开拓者溢出效应的假设进行多角度、多方位的验证，以验证第3章理论模型的适用性。

1.4.2 比较静态分析和动态分析的运用

比较静态分析是探讨当初始条件或外生变量发生变化时，原有均衡发生的变化，并分析比较新旧均衡的不同；动态分析则是在引进时间变量的基础上，研究变量的相互作用在均衡的形成和变化中所起到的作用。本书将同时利用这两种方法对出口企业市场进入次序的选择进行研究。在第 3 章构建理论模型和第 6 章对投资延迟进行分析时，我们采用比较静态分析方法研究出口收益率、不确定性程度等参数变化时对企业出口时间的影响。在此基础上，我们在第 7 ~ 8 章还利用动态分析方法分析出口延迟者从开拓者那里获得的短期收益和长期收益。

1.4.3 主成分分析法的使用

在研究中，为了全方位、多角度地对问题进行分析，我们必须考虑众多因素对所研究问题的综合影响。但是，在某些情况下，会有多个变量在不同程度上反映某经济特征的情况，且这些变量之间存在严重的相关关系，以致对回归结果造成偏差。在这种情形下，主成分分析法能够对存在相关关系的多个变量进行降维处理，在尽可能还原原来变量信息的基础上，从中提取较少的且互不相关的综合变量。在本书中第 5 章的实证分析中，采用主成分分析法对描述海外市场进入成本的三个相关变量进行降维处理，以期获得更为准确和全面的综合变量。

1.5 创新之处

1.5.1 研究视角的创新

现有研究多强调企业“出口什么（产品）、出口多少（数量）、出口至哪里（市场）”等决策，本书则是从出口延迟的视角将研究范围进一步拓展到“何时出口（次序）”这一更为宽泛的决策范畴。与此同时，国外文献不同程度地关注了墨西哥、智利、哥伦比亚等新兴国家的企业进入国际市场次序的问题，但是中国作为世界第一贸易大国和典型的新兴国家，其相关研究尚为空白。

对此，本书以中国为研究视角，采用2000～2006年中国出口企业的海量数据及其实证分析，说明出口延迟行为究竟适合于哪种类型的企业——大规模企业还是中小企业，高生产率企业还是低生产率企业，出口经验丰富的企业还是无出口经验企业，高产品质量企业还是低产品质量企业等。在此基础上，还分析了出口企业的延迟次数、延迟时间以及从出口开拓者中获得的短期和长期溢出效应，不仅丰富了现有的研究成果，而且为中国企业出口次序的选择提供了理论基础。

1.5.2 理论框架的完善

近年来，Dixit and Pindyck（1994）的实物期权模型在经济学和管理学领域得到了广泛的应用，但是鲜有学者利用实物期权模型研究企业出口次序与时机的选择问题。因此，本书利用实物期权模型，不仅研究了企业在出口市场中是充当开拓者还是延迟者的次序选择，而且分析了影响企业出口延迟时间的各种因素，从而构建起一个较为完善的企业出口市场进入次序选择的理论框架。

1.5.3 研究内容的扩展

一方面，现有文献多以企业为基本单位进行研究，但在现实经济生活中，多产品、多市场出口企业占比较高，而同一企业在不同产品、不同市场中出口次序的选择是不同的。换言之，将企业视为一个整体，会忽视不同产品和市场的特征。与此同时，出口企业的市场进入次序决策，不仅包括自身充当出口开拓者或出口延迟者的角色定位，还包括充当次数、跟随时间等，且这些决策在不同产品、不同所有权企业中很可能呈现出明显的差异。基于此，本书将研究对象转向我国的出口型工业企业，结合不同产品、不同所有权企业，沿着扩展边际视角来考察我国企业在“新的产品—市场组合”（以下简称新组合）出口中呈现的不同次序选择、次数选择以及跟随时间选择。

另一方面，随着越来越多的出口企业转化为对外直接投资企业，它们在海外扩张、进入国际市场的过程中不仅展现了出口延迟的特征，还展现出投资延迟的特征。尽管已有少数学者关注这一问题，但是本书与以往研究不同的是：以往研究虽利用实物期权理论解释企业对外投资的时机选择，但仅将降低“不确定性”视为企业延迟投资的唯一目的，忽略了企业通过等待提升生产率等自身投资能力的作用，所以本书将融合企业延迟投资的两个作用，构建一个 OFDI 企业对外投资延迟选择的综合分析框架；本书将在企业—市场二维维度下定义企业的投资时机，这是因为在中国，部分企业会在不同时间对不同国家进行多次投资，如果参照以往研究仅考察企业第一次投资的时机选择，不仅会丧失一定的观测样本，而且会忽略不同市场特征对企业投资延迟的影响，因此本书以企业在每个市场中的第一次投资时间作为被解释变量，不仅考察了企业自身特征对其投资延迟的影响，也能更为准确地分析东道国市场特征对企业投资延迟的影响情况；在变量选取方面，考虑到中国经济的特殊性，本书在以往文献的基础上加入利率、所有权结构、地区分布等反映中国特色的变量，旨在为中国企业的投资决策提供更符合国情的政策指导。

第 2 章

国内外文献综述

对企业市场进入次序的研究最早源于产业经济学和管理学的结合，其核心内容是从竞争优势角度阐述企业在进入市场时是选择充当出口开拓者抑或出口延迟者。随着异质性企业贸易理论的兴起，国际贸易学领域对此赋予了更为深刻的经济学内涵。

2.1 出口延迟与市场进入次序的后发优势

2.1.1 出口开拓者的先发优势

鉴于市场规模的有限性、资源的稀缺性及其多个厂商的竞争性，企业在将新产品打入新市场时不得不直面拥挤效应，其结果是率先进入的出口开拓者往往会占据重要的先发优势。具体而言，出口开拓者的先发优势体现为：

（1）技术优势。开拓者技术优势的作用机制表现在：一是根据学习曲线效应（Learning curve effect），随着产品产量的增加，企业的单位生产成本在不断下降，这会使开拓者拥有持续的成本优势，并因此在市场份额方面占据绝对优势；二是在技术优势与企业研发投入创新（R&D）有密切关联的情况下，企业可以通过申请专利等保持先发优势。除此之外，企业在管理与组织等方面的创新同样可以给开拓者带来巨大的先发优势（Lieber-

man and Montgomery，1988[①]，1998[②]）。

（2）资源先占优势。鉴于资源的稀缺性，开拓者可以通过先发进入占有已存在的资源，但出口延迟者需要通过技术创新等产生新的资源并进行利用。开拓者对资源的先占优势主要体现在：对投入要素诸如自然资源的先占，并有能力获取自然资源的全部经济租金；对“空间”的先占，这是因为市场规模或空间的有限性只允许有限的企业在市场中获取利润。相较于延迟者，先发进入的开拓者可以优先选择最有利的商机，限制延迟者的获利空间。

（3）通过转换成本和不确定性锁定顾客的优势。Lieberman and Montgomery（1988，1998）认为，消费者转换成本的存在使跟随者要投入更多的额外资源吸引消费者。对于转换成本的来源，两位作者将其概括为：转换成本来源于最初的交易成本或投资成本，这其中包括企业成为新供给者所花费的时间和资源投入等；转换成本源于消费者对先进入企业及其产品的适应性成本。换言之，消费者已经习惯使用和购买开拓者的产品，从而很难进行转换而购买跟随者的新产品；消费者对开拓者产品的购买会形成消费者成本结构（Cost structure of customers）进而产生转换成本，使得开拓者相对于跟随者具有先发优势；消费者对跟随者产品质量等特征的不确定也会促使其坚持购买开拓者的产品。

（4）成本优势和壁垒优势，即可以利用规模经济、学习曲线、专利保护等获得长期的成本优势，还可以通过设定进入壁垒阻止出口延迟者的进入（Schmalensee，1982[③]；Johnson and Tellis，2008[④]）。

2.1.2 出口延迟者的后发优势

以Lieberman and Montgomery（1988，1998）为代表的学者们在肯定先发优势的同时，也同样提出了后发优势存在于以下四个方面。

（1）“搭便车”优势。作者认为在大多数行业中，跟随者的模仿成本

---

① Lieberman，M. B. and D. B. Montgomery，1988，“First－Mover Advantages”，*Strategic Management Journal*，9，pp. 41－58.

② Lieberman，M. B.，D. B. Montgomery，1998，“First－Mover Advantages：Retrospective and Link with the Resource－Based View”，*Strategic Management Journal*，19，pp. 1111－1125.

③ Schmalensee，R.，1982，“Product Differentiation Advantages of Pioneering Brands”，*American Economic Review*，72，pp. 349－365.

④ Johnson，J. and G. J. Tellis，2008，“Drivers of Success for Market Entry into China and India”，*Journal of Marketing*，72（3），pp. 1－13.

要小于开拓者的研发成本，从而导致跟随者因为开拓者的先行进入，在产品研发、消费者教育以及基础设施建设等方面获得一定收益，即“搭便车”优势。但对于这种“搭便车”优势，Spence（1979）[①]、Baldwin and Childs（1969）[②] 认为其源于开拓者在研发方面的信息溢出。与此同时，也有学者认为其来源于跟随者基于学习效应的生产率提高（Ghemawat and Spence，1985）[③]。

（2）解决技术和市场不确定性的优势。Wernerfelt and Karnani（1987）[④] 提出相较于跟随者，开拓者会面临市场不确定性的消极作用，这也意味着开拓者的进入面临着较高的风险。然而，随着市场“主导设计”的出现，这种不确定性会逐步消失，此时，跟随者可以避免不确定性带来的诸多风险，并由此获得后发优势。

（3）技术和消费者需求转变的优势。一方面，Schumpeter（1961）[⑤] 将技术进步定义为新企业所追求的对已存在产品进行“创造性毁灭”的过程，也就是新进入者或跟随者利用新技术代替旧技术的过程。Lieberman and Montgomery（1988，1998）认为这种技术替代的发生与旧技术的发展是同步的，所以已进入企业或开拓者很难发现这种风险并采取相应措施，从而导致其丧失市场，而跟随者会因为新技术的发现迅速发展。另一方面，消费者的需求情况是动态变化的，这给跟随者适应消费者的新需求创造了条件，从而也使其获得了后发优势。

（4）在位者惯性（Incumbent inertia）优势。在位者惯性是指在位者即开拓者由于固定资产的存在和组织结构的僵化等，不愿意引进新技术对企业的产品或组织结构进行改革，进而阻碍开拓者对跟随者的市场竞争实施有效的应对措施，导致跟随者获得后发优势。

Kerin et al.（1992）[⑥] 进一步提出，跟随者的行为可以影响开拓者的

---

① Spence, A. M., 1979, "Investment Strategy and Growth in New Market.", *Bell Journal of Economics*, 10 (1), pp. 1-19.

② Baldwin, W. L. and G. L. Childs, 1969, "The Fast Second and Rivalry in Research and Development", *Southern Economic Journal*, 36 (1), pp. 18-24.

③ Ghemawat, P. and A. M. Spence, 1985, "Learning Curve Spillovers and Market Performance", *Quarterly Journal of Economics*, 100, pp. 839-852.

④ Wernerfelt, B. and A. Karnani, 1987, "Competitive Strategy under Uncertainty", *Strategic Management Journal*, 8, March-April pp. 187-194.

⑤ Schumpeter, J. A. 1961, "The Theory of Economic Development.", *Oxford University Press*, New York.

⑥ Kerin, R. A., P. R. Varadarajan and R. A. Peterson., 1992, "First-mover Advantage: a Synthesis, Conceptual Framework, and Research Propositions", *Journal of Marketing*, 56 (4), pp. 33-52.

先发优势，并有可能将其进一步转变成跟随者的后发优势。他们认为：一方面，开拓者在市场进入时要承担巨大的开拓成本，这不仅包括企业通过政策审批的花费，还涵盖其对潜在消费者进行宣传教育、寻找提供原材料和设备等供应商的成本。与此相对比，跟随者在市场进入时可以免费利用这些资源，减少其成本的支付，进而获得后发优势；另一方面，跟随者具有影响消费者需求偏好的能力，与此同时，跟随者还可以从开拓者在产品定位、设计等失败行为中汲取经验（Hauser and Shugan，1983①；Varadarajan，1986②），进一步侵蚀开拓者的先发优势。所以，作者得出结论，开拓者的先发优势会受到跟随者行为的影响，并进一步将其转变为跟随者后发优势，这种后发优势包括：跟随者模仿成本和开拓者创新成本之间的差异优势；对开拓者进入成本的搭便车优势；利用开拓者经验进行修正的优势；规模经济的优势；影响消费者偏好的优势。

在上述学者提出跟随者后发优势的基础上，还有诸多学者对后发优势的存在性进行了支持性研究。例如，Srinivasan（1988）③ 分析了市场进入次序对企业市场研发支出、产品质量、市场份额以及投资回报的影响，结果发现：与开拓者相比，早期跟随者的市场研发支出较低；市场进入次序与企业市场份额的关系要视产品所处的生命周期阶段而定，具体来说，尽管早期跟随者的边际产品质量和市场份额低于开拓者，但在产品生命周期的最初阶段，由于其较低的市场研发支出，早期跟随者拥有更高的产品质量、市场份额和盈利水平。Rosenbaum（1998）④ 对 10 个产业的开拓者与跟随者进行考察，发现其中仅有 4 个产业中的开拓者显示出明显的先发优势。Boulding and Christen（2003）⑤ 在研究中发现尽管开拓者在进入市场的最初阶段拥有先发优势，但由于成本劣势，这种先发优势在持续了 12 ~ 14 年之后会转变成先发劣势，并利用实证方法证实了跟随者后发优势的存在。

---

① Hauser，J. R. and S. M. Shugan，1983，"Defensive Marketing Strategies"，*Marketing Science*，29（Fall），pp. 319 – 360.

② Varadarajan，P. R.，1986，"Horizontal Cooperative Sales Promotion：An Idea whose Time Has Come"，*Journal of Consumer Marketing*，3（1），pp. 15 – 33.

③ Srinivasan，K.，1988，"Pioneering versus Early Following in New Product Markets."，Unpublished Ph. D. dissertation，University of California，Los Angeles，CA.

④ Rosenbaum J. E.，1998，"College-for-all：Do Students Understand What College Demands?" *Social Psychology of Education*，2（1），pp. 55 – 80.

⑤ Boulding，W. and M. Christen，2003，"Sustainable Pioneering Advantage? Profit Implications of Market Entry Order"，*Marketing Science*，22（3），pp. 371 – 392.

2.1.3 出口延迟者获得的溢出效应

最新研究成果发现，出口开拓者在享有先发优势的同时，也不得不承担一定的进入风险。与之形成鲜明对比的是，选择模仿与出口跟随的延迟者，却可以从出口开拓者那里获得显著的溢出效应，具体表现为：

其一，有助于降低进入成本。众所周知，企业进入海外市场不可避免地要承担一定的进入成本，这不仅包括了解海外市场的法律法规，建立海外销售网络，还包括为适应海外市场需求而进行的各种前期准备工作，如产品质量的提升、性能的改善等（Roberts and Tybout，1997①；Bernard and Jensen，2004②；Das et al.，2007③），这些成本的存在皆在一定程度上侵蚀企业出口的利润所得。但是，在市场存在溢出效应和企业具有学习能力的条件下，出口延迟者可以从出口开拓者出口新产品、进入新市场的过程中获取经验，并使得企业的市场进入成本随着出口经验的增加而降低，进而提高企业进入新市场的成功率（Sheard，2014④；Alvarez et al.，2010⑤）。

其二，有助于消除出口不确定性。由于对海外市场的不熟悉，企业在进行新产品或者新市场的出口时会面临多方面的不确定性（Segura - Cayuela and Vilarrubia，2008⑥；Iacovone et al.，2010⑦；Albornoz et al.，2012）：从需求来说，进口国消费者对该企业产品的偏好和需求规模不确定；从供给来说，企业对出口产品的价格、收益等情况不确定。在诸多不确定存在的情况下，开拓者的先发进入必然面临较高的风险，而此时，跟随者通过出口延迟的过程观察开拓者的行为，既可迅速获得产品价格、是

① Roberts，M. J. and J. R. Tybout，1997，"An Empirical Model of Sunk Costs and the Decision to Export"，*American Economic Review*，87（4），pp. 545 - 564.

② Bernard，A. B. and J. B. Jensen，2004，"Why Some Firms Export"，*Review of Economics and Statistics*，86（2），pp. 561 - 569.

③ Das，S. M.，J. Roberts and J. R. Tybout，2007，"Market Entry Costs，Producer Heterogeneity and Export Dynamics"，*Econometrica*，75（3），pp. 837 - 873.

④ Sheard，N.，2014，"Learning to Export and the Timing of Entry to Export Markets"，*Review of International Economics*，22（3），pp. 536 - 560.

⑤ Alvarez，R.，H. Faruq and R. A. López，2010，"Is Previous Exporting Experience Relevant for New Exports?"，Working Papers Central Bank of Chile，Central Bank of Chile，599.

⑥ Segura - Cayuela，R. and J. M. Vilarrubia，2008，"Uncertainty and entry into export markets"，Banco de Espaa Working Paper，No. 0811.

⑦ Iacovone，L. and B. Javorcik，2010，"Multi-product Exporters：Product Churning，Uncertainty and Export Discoveries"，*Economic Journal*，120，pp. 481 - 499.

否获利等产品信息（Wagner and Zahler，2015）①，又可获得更多有关外国市场的需求信息，从而降低出口的不确定性，提高出口获利的概率水平（Nguyen，2012）②。

其三，有助于提高企业生产率。出口延迟者在出口经验中获得的溢出效应还包括在“干中学”中得到的生产率提高，因此出口延迟也是一种为出口行为“精心准备”的过程（Naude et al.，2013③）。正如Hausmann and Rodrik（2003）④所指出的，一国贸易中具有比较优势的新产品“发现”需要支付一定的成本，而出口开拓者的经验能有效展示出口市场，从而为同行业其他企业的出口决策提供有益的借鉴。因此，基于“发现”成本和出口开拓者溢出效应的存在，企业会倾向于充当出口延迟者，等待其他企业出口后通过模仿来获得收益。

这就意味着，由于出口开拓者溢出效应的存在，出口延迟者面临的市场不确定性与进入成本有所降低。但是，由于出口开拓者具有市场进入的先发优势，出口延迟者在生产率水平未必占优的情况下，在新市场上的存活与扩张难度也有所增加。因此，企业进入市场次序的最终决策将取决于这两种力量的相互对比与权衡，其最终结果反映在现实经济生活中，即为有些企业会选择成为出口开拓者，而有些企业会选择充当出口延迟者。

2.2 出口延迟与市场进入次序的影响因素

从已有文献来看，多从企业微观异质特征与东道国宏观环境特征两个层面对企业不同的进入次序选择进行解释。

2.2.1 企业微观层面

2.2.1.1 企业规模

长期以来，规模在很大程度上是企业市场竞争力的代名词。与小规模

---

① Wagner，R and A. Zahler，2015，“New Exporters from Emerging Markets：Do Followers Benefit From Pioneers?”，*Journal of Development Economics*，114，pp. 203 – 223.

② Nguyen，D. X.，2012，“Demand uncertainty：Exporting Delays and Exporting Failures”，*Journal of International Economics*，86（2），pp. 336 – 344.

③ Naude，W.，T. Gries and N. Bilkic，2013，“Firm-level Heterogeneity and the Decision to Export：A Real Option Approach”，IZA DP，No. 7346.

④ Hausmann，R.，and D. Rodrik，2003，“Economic Development as Self – Discovery”，*Journal of Development Economics*，72，pp. 603 – 633.

企业相比，大规模企业拥有更多的资源，善于利用规模经济降低经营成本（Krugman，1980①），在出口新产品、进入新市场时拥有显著的先发优势，可有效阻止出口延迟者获得市场份额（Kobrin，1991②；Lieberman and Montgomery，1998③）。基于此，Gaba et al.（2002）④ 利用美国在华的500家企业证实了大规模企业会早于小规模企业进入外国市场。然而，Wagner and Zahler（2014）⑤ 却得出了迥然不同的结论，他们认为，大规模企业的经营范围较为广泛，在出口时面临不同的产品选择，不仅要承担新产品出口的进入成本，还要承担不同产品间的选择成本，因此大规模企业较之生产单一产品的小规模企业，更倾向于充当新产品出口的出口延迟者，而小规模企业则倾向于充当出口开拓者。

2.2.1.2 企业生产率

近年来，已有文献开始利用企业生产率的差异性来解释市场进入次序。例如，Sheard（2014）⑥ 发现，出口延迟者通过学习出口开拓者的经验，可以获得溢出效应，降低进入成本，但高生产率企业对学习效应的敏感度低于低生产率企业。在其他条件相同的情况下，高生产率企业的后发优势小于低生产率企业，故高生产率的企业往往会更为快速地进入新市场，而且要比低生产率的企业更早进入大市场、更晚进入小市场。

2.2.1.3 企业出口经验

诸多研究还表明，出口经验代表了企业在国际市场中的参与度，会促进企业将更多新产品打入新市场。这是因为，企业以往的出口经验越多，

---

① Krugman，P.，1980，“Scale Economics，Product Differentiation，and the Pattern of Trade”，*American Economic Review*，70（5），pp. 950 - 959.

② Kobrin，S. J.，1991，“An Empirical Analysis of the Determinants of Global Integration”，*Strategic Management Journal*，12（1），pp. 17 - 31.

③ Lieberman，M. B.，D. B. Montgomery，1998，“First - Mover Advantages：Retrospective and Link with the Resource - Based View”，*Strategic Management Journal*，19，pp. 1111 - 1125.

④ Gaba，V.，Y. Pan and G. Ungson，2002，“Timing of Entry in International Market：An Empirical Study of U. S. Fortune 500 Firms in China”，*Journal of International Business Studies*，33（1），pp. 39 - 55.

⑤ Wagner，R and A. Zahler，2014，“New Exports from Emerging Markets：Do Followers Benefit from Pioneers?”，*Journal of Development Economics*，forthcoming，2014.

⑥ Sheard，N.，2014，“Learning to Export and the Timing of Entry to Export Markets”，*Review of International Economics*，22（3），pp. 536 - 560.

在新市场中面临不确定性时的抵抗力越强（Gaba et al.，2002[①]），有助于企业降低进入成本，提高新市场进入收益。因此，出口经验丰富的企业更倾向于充当出口开拓者。

2.2.1.4 市场竞争强度

Gaba et al.（2002）提出，基于溢出效应和拥挤效应的存在，其他竞争者的行为和市场竞争强度亦会影响企业进入市场的时机选择。Stevens and Dykes（2013）[②] 利用同行业企业数量作为衡量市场竞争强度的指标，也发现企业面临的竞争越大，越倾向于提前进入国际市场。

2.2.2 东道国宏观层面

除了企业微观因素之外，Stevens and Dykes（2013）指出，东道国的经济实力也能够影响企业对该市场进入次序的选择。他们利用来自54个母国、48个东道国的364家企业数据研究发现，一国较快的经济增速会促使企业较早地进入该市场。无独有偶，Fisch（2008）[③] 的研究也发现，东道国的经济增速与企业国际化的收益正相关，从而可促使企业较早进入外国市场。

与此同时，东道国的法律、金融市场、宏观政策等的不稳定性则是阻止企业充当出口开拓者的重要因素，因为这种风险会侵蚀出口开拓者进入市场的先发优势，从而促使企业通过延迟出口消除不确定性。Gaba et al.（2002）、Johnson and Tellis（2008）[④] 的研究均发现，东道国的不稳定性越大，企业越会较晚地进入该国。但是，也有研究发现，不稳定的国家政策代表新的进入机会，企业可以利用东道国政策的波动与当地政府建立良好的关系，并以此获得较大的先发优势（Frynas et al.，2006）[⑤]。从这个

---

① Gaba，V.，Y. Pan and G. Ungson，2002，"Timing of Entry in International Market：An Empirical Study of U. S. Fortune 500 Firms in China"，*Journal of International Business Studies*，33（1），pp. 39 –55.

② Stevens，C. E and B. J. Dykes，2013，"The Home Country Cultural Determinants of Firms' Foreign Market Entry Timing Strategies"，*Long Range Planning*，46，pp. 387 –410.

③ Fisch，J. H.，2008，"Internalization and Internationalization Under Competing Real Options"，*Journal of International Management*，14，pp. 108 –123.

④ Johnson，J. and G. J. Tellis，2008，"Drivers of Success for Market Entry into China and India"，*Journal of Marketing*，72（3），pp. 1 –13.

⑤ Frynas，J.，K. Mellahi and G. Pigman，2006，"First Mover Advantage in International Business and Firm-specific Resources"，*Strategic Management Journal*，27，pp. 321 –345.

意义上讲，一国政策的不稳定反而会促使企业尽快进入市场。

2.3 从出口延迟到投资延迟的拓展

国内外学者还注意到，随着经济全球化和企业国际化进程的加速，很多企业不仅展现了出口延迟的一面，还展现出投资延迟的另一面。对此，学者们早期多采用 Carlson（1966）① 提出的 Uppsala 模型对上述现象进行解释。他们认为，企业国际化是一个充满风险和不确定性的过程，而海外市场知识的缺乏正是阻碍企业国际化进程的主要因素，因此企业在 OFDI 前会通过各种途径诸如国内经营、海外出口等获取海外市场的相关知识，降低投资的不确定性，逐步走向国际化道路。换言之，Uppsala 模型有效地揭示了为什么有些企业会选择较晚的 OFDI 时机（Figueira-de－Lemos et al.，2011②；Casillas and Moreno－Menendez，2013③）。

然而，随着企业国际化进程的加快，学者们却发现在现实经济生活中，部分企业的国际化过程并不严格遵循 Uppsala 模型所预测的知识积累过程（Chung et al.，2007④；Hewerdine and Welch，2013⑤）。相反，有些企业特别是中小规模企业，会选择尽早进行国际化，甚至在建立之初就立即开启了 OFDI 模式，学者们将其称为“国际新创企业”或“天生全球化企业”（McDougall and Oviatt，2003⑥；Naude and Rossouw，2010⑦）。鉴于

---

① Carlson，S.，1966，“International Business Research.” Uppsala：Acta Universitatis Upsaliensis Casillas，J. C. and A. M. Moreno－Menendez.，2013，“Speed of the Internationalization Process：The Role of Diversity and Depth in Experiential Learning.” *Journal of International Business Studies*，45（1），pp. 85－101.

② Figueira-de－Lemos F.，J. Johanson and J. E. Vahlne，2011，“Risk Management in the Internationalization Process of the Firm：A Note on the Uppsala Model.”，*Journal of World Business*，45（2），pp. 143－153.

③ Casillas，J. C.，and A. M. Moreno－Menendez，2013，“Speed of the Internationalization Process：The Role of Diversity and Depth in Experiential Learning”，*Journal of International Business Studies*，45（1），pp. 85－101.

④ Chung，H. J.，C. C. Chen and T. J. Hsieh，2007，“First Geographic Expansion of Startup Firms：Initial Size and Entry Timing Effects”，*Journal of Business Research*，60，pp. 388－395.

⑤ Hewerdine，L. and C. Welch，2013，“Are International New Ventures Really New? A Process Study of Organizational Emergence and Internationalization”，*Journal of World Business*，45，pp. 466－477.

⑥ McDougall，P. and B. M. Oviatt，2003，“Some Fundamental Issues in International Entrepreneurship”，Mimeo Available at www. usasbe. org/knowledge/whitepapers/mcdougall 2003. pdf.

⑦ Naude，W. and S. Rossouw，2010，“Early International Entrepreneurship in China：Extent and Determinants”，*Journal of International Entrepreneurship*，8（1），pp. 87－111.

Uppsala 模型无法对此类现象进行合理解释，学者们试图从其他角度对国际新创企业的国际化进程进行分析和说明，例如，Casillas et al.（2015）①提出“国际新创企业”并不是严格意义的“新建企业”，因为该类企业在建立之时就已经完成了 OFDI 的部分准备工作。令人遗憾的是，尽管 Uppsala 模型和国际新创企业理论均能在一定程度上对企业 OFDI 时机的选择进行解释，但是其不足之处也是非常明显的：前者仅以投资较晚的企业为研究对象，而后者仅以国际新创企业为研究对象，无法对所有企业的 OFDI 时机进行解释。

2.4 实物期权在延迟出口与投资中的运用

2.4.1 实物期权理论的提出与发展

在传统公司金融中，对企业投资项目的评估多采用净现值法（NPV）或折现现金流法（DCF）。在这两种方法中，投资项目的不确定性和风险皆用不同的折现率进行调节，高折现率代表高风险，低折现率意喻低风险。然而，由于这种传统的评价方法仅考虑了投资中的战略价值而忽略了管理柔性价值，所以低估了投资项目的实际价值（Dean，1951②；Hayes and Abemathy，1980③；Schwartz and Trigeorgis，2001④）。基于此，Myers（1977）⑤首先提出将实物期权的思想和定价方法应用于企业项目投资的评估与决策，开创了实物期权理论的研究先河。随后，诸多学者开始对实物期权的定价模型进行研究（Kester，1984⑥；Trigeorgis，1993⑦；Brealey

---

① Casillas，J. C.，J. L. Barbero and H. J. Sapienza，2015，“Knowledge Acquisition，Learning，and the Initial Pace of Internationalization.”，*International Business Review*，24，pp. 102 - 114.

② Dean，J.，1951，“Capital Budgeting”，Columbia University Press.

③ Hayes，R. H. and J. Abernathyw，1980，“Managing Our Way to Economic Decline”，*Harvard Business Review*，61（7），pp. 67 - 77.

④ Schwartz，E. S. and L. Trigeorgis，2001，“Real Options and Investment under Uncertainty：Classical Readings and Recent Contributions”，Cambridge，MA：MIT Press.

⑤ Myers，S. C.，1977，“Determinants of Corporate Borrowing”，*Journal of Financial Economics*，5，pp. 147 - 175.

⑥ Kester W. C.，1984，“Today's Options for Tomorrow's Growth”，*Harvard Business Review*，62（2），pp. 153 - 160.

⑦ Trigeorgis，L.，1993，“Real options and Interactions with Financial Flexibility”，*Financial Management*，22（3），pp. 202 - 224.

and Myers, 1991①), 特别是在 Dixit 和 Pindyck 出版了“*Investment under Uncertainty*”一书之后，实物期权评价方法在理论界得到了极大的发展，正如Copeland and Antikarov (2001)② 所言：“实物期权理论将在十年内成为投资决策的中心评价方法。”

纵观对实物期权的理论研究，学者们通常采用两种不同的方法对期权价值进行估计：

第一种是离散定价方法，主要基于 Cox et al. (1979)③ 提出的金融期权的二项式（二叉树）定价方法，其基本思想是：把实物期权的有效期分为若干个小的时间段，并假定在每个时间段内，实物资产的价格会以特定的概率出现两种不同的可能。所以，在假定标的资产的变动率服从正态分布的条件下，我们可以运用风险中性定价原理推导出实物期权的价值。其中，Simon (2002)④ 在对医药领域研发项目进行价值评估时就是利用离散方法中的二叉树模型进行定价。

第二种是连续分析方法，主要依据连续时间的 Black - Scholes 期权定价模型（Black and Scholes, 1973)⑤，其基本思想是利用证券市场的资产组合来复制项目现金流。假定项目的价格和价值服从几何布朗运动，并通过引入伊藤引理对实物期权的价值进行量化，从而构建实物期权的连续定价模型。其中，McDonald and Siegel (1986)⑥ 给出了延迟期权的连续定价方法，他们以最优投资时机为研究内容，并在企业投资成本不可逆且服从连续随机过程的假设条件下，给出了可延迟项目的评价方法与停止期权的连续定价方法。同时，通过数理模拟验证了延迟期权的重要性，并认为在此期权价值的考虑下，企业倾向于进行等待。

在以上两种基本定价方法的基础上，诸多学者对实物期权的研究进行拓展和完善，获得了丰硕的理论研究成果。

---

① Brealey, R. and S. C. Myers, 1991, “Principles of Corporate Finance”, New York, McGraw - Hill, 4th edition, Ch. 21.

② Copeland, T. and V. Antikarov, 2001, “Real Options: a Practitioner's Guide”, New York: Texere.

③ Cox, J., A. Ross and M. Rubinstein, 1979, “Option Pricing: a Simplified Approach”, *Journal of Financial Economies*, 9 (7), pp. 229 - 263.

④ Simon, B. 2002, “Real Options - An Introduction and an Application to R&D Valuation”, *The Engineering Economist*, 47 (2), pp. 151 - 168.

⑤ Black, F. and M. Scholes, 1973, “The Pricing of Options and Corporate Liabilities”, *Journal of Political Economy*, 81 (3), pp. 637 - 659.

⑥ McDonald, R. and D. Siegel, 1986, “The Value of Waiting to Invest”, *Quarterly Journal of Economics*, 101 (4), pp. 727 - 728.

2.4.1.1 对模型假设和研究方法的拓展

在基本模型假设和研究方法的基础上，学者们通过改变模型假设条件或利用新的研究方法，对实物期权理论进行拓展。例如，Dixit and Pindyck (1994)① 在利用连续分析法的基础上，利用 Black－Scholes 的金融期权定价方法对实物期权的价值进行量化，得到企业进行投资的临界值。Willner (1995)② 采用泊松过程（Poisson process）代替传统 B－S 模型中的维纳过程（Wiener process）来描述标的资产价格的跳跃，并以此提出了跳跃模型（Jump model）。Alvarez（1999）③ 放弃实物期权研究中常用的动态规划（Dynamic programming）和无突变路径（Smooth-fit）假设，转而采用标准线性扩散理论和非线性规划方法，推导出理性经营企业的最优退出条件，结果发现只有在企业未来生产机会的期权价值小于退出期权价值时，退出才是最优的选择。此外，作者通过静态分析方法还发现，不确定性对企业最优退出门槛的影响依赖于净收益率的符号，如果净收益率为正，不确定性的提高会降低最优退出的门槛值。Grenadier 和 Wang（2003）④ 认为在标准实物期权模型中，期权的持有者决定了期权的执行时间，但在现实生活中，由于代理人的存在，期权的持有人和执行人会出现分离。基于此，作者对传统的实物期权模型进行拓展，探寻在存在道德风险和逆向选择的条件下，企业最优的投资时机选择，结果发现：在这种现实背景下，由于代理人比持有人拥有更大的期权价值，企业对投资更具有惰性，即更倾向于推迟投资。

2.4.1.2 对研究内容的拓展

实物期权理论除了适用于对企业投资时机的研究，也可应用于企业其他方面如扩张、关闭等行为的决策。例如，Abel et al. (1996)⑤ 提出企业的投资决策必须考虑到投资成本的可回收性和后期的扩张能力，他们将

---

① Dixit, A. K. and R. S. Pindyck, 1994, *Investment under Uncertainty*, Princeton University Press.

② Willner R., 1995, "Valuing Start-up Venture Growth Options", In Real options in Capital Investment, Trigeorgis L (ed.), Westport CT: Praeger, pp. 221－239.

③ Alvarez, L., 1999, "Optimal Exit and Valuation under Demand Uncertainty: A Real Options Approach", *European Journal of Operational Research*, 114 (2), pp. 320－329.

④ Grenadier, S. R. and N. Wang, 2003, "Incentives and Investment Timing: Real Options in a Principal-agent Setting", Simon School of Business Working Paper No. FR 03－12.

⑤ Abel, A., 1996, "Options, the Value of Capital, and Investment" *Quarterly Journal of Economics*, 111 (3), pp. 753－777.

企业在未来的扩张和收缩能力视为一种实物期权进行定价，并分析其对企业投资决策的影响，结果发现：扩张期权降低了企业投资的积极性，而收缩期权却恰恰提高了企业投资的积极性。Dangl（1999）[①] 对以往的实物期权理论进行拓展，探寻当投资成本不可逆、市场需求不确定时，企业同时决定最优投资时机和投资规模的问题，结果发现：在这种同时决策中，需求的不确定性一方面会提高企业的最优投资规模，另一方面也会促使企业推迟其投资时机。Alvarez and Keppo（2000）[②] 在实物期权理论模型的基础上，考察了原材料供应滞后对企业不可逆投资项目的影响，研究发现供应市场的不完善会提高企业进行等待的期权价值，进而对企业投资项目的价值产生消极影响。换言之，市场的不完善会推迟企业的投资时间。Pennings and Lint（2000）[③] 利用实物期权模型衡量了一个企业在复杂、动态以及充满不确定性环境下，采用多阶段策略在全球范围内发行新产品的价值。在此假定下，作者发现多阶段策略的价值大小与市场和技术的不确定性、投资净现值的大小密切相关。此外，作者以 Philips 电器的 CD－I 项目为例对企业的最优投资时机和最优投资规模的决策进行了深入研究。

2.4.2 实物期权理论在出口与国际直接投资中的运用

在实物期权理论不断发展和完善的过程中，其思想被逐渐应用于企业出口时机与对外投资时机的决策中。

在出口贸易领域，Naude et al.（2014）[④] 首次将实物期权理论应用于企业的出口时机选择，结果发现，部分企业由于出口机会的期权价值大于出口收益而倾向于延迟出口，并且出口产品价格的不确定越高，投资成本越高、出口收益率越小，企业越倾向于推迟出口。

在国际直接投资领域，随着对投资不确定性现象的重视与关注，从20世纪90年代起学者们试图运用实物期权理论对企业的 OFDI 行为进行解

---

① Dangl T.，1999，"Investment and Capacity Choice under Uncertain Demand"，*European Journal of Operational Research*，117（3），pp. 415－428.

② Alvarez，L.，1999，"Optimal Exit and Valuation under Demand Uncertainty：A Real Options Approach，" *European Journal of Operational Research*，114（2），pp. 320－329.

③ Pennings，E. and O. Lint，2000，"Market Entry，Phased Rollout or Abandonment? A Real Options Approach"，*European Journal of Operational Research*，124（1），pp. 125－138.

④ Naude，W.，T. Gries and N. Bilkic，2014，"Firm-level Heterogeneity and the Decision to Export：A Real Option Approach，" IZA DP，No. 7346.

释。早期代表人物包括 Casson (1994)①、Buckley et al. (2002)② 等，并强调以往研究均未意识到“不确定性”的重要作用，建议利用实物期权理论对企业的 OFDI 行为重新解读。在这种背景下，Rivoli and Salorio (1996)③、Milne and Whalley (2000)④ 提出，可以应用实物期权理论分析企业投资的时机问题，并构建了 OFDI 企业“何时建立”的理论框架。虽然上述理论证实了不确定性对企业投资时机的推迟作用，但在实证检验中，学者们却得出了迥然不同的结论。Blandon (2001)⑤ 利用西班牙外资银行的数据剖析了银行投资时机的决定因素，结果发现，正如实物期权理论模型所预测的，市场的不确定性会推迟银行的投资时间；但是 Fisch (2008)⑥ 利用德国 5379 家 OFDI 企业数据进行分析，却发现不确定性对企业投资时机的影响呈 U 形趋势，即当不确定性较小时，不确定性会阻碍企业的投资，但当不确定不断增大、处于高位时，却能促使企业的投资进入。而反观国内研究现状，虽然对实物期权理论本身的研究并不少见（张小茜等，2007⑦；王媛与贾生华，2012⑧），但该理论在国际直接投资延迟选择方面的运用，仅有丁淑娟 (2012)⑨ 在其博士毕业论文中将其运用到外资银行进入中国的时机选择，而基于实物期权理论对中国 OFDI 企业投资延迟的研究文献尚为空白。

---

① Casson, M. C., 1994, “Internationalization as a Learning Process: A model of Corporate Growth and Geo-graphical Diversification.”, *Revued 'Economie Industrielle*, Special issue, pp. 109 – 134.

② Buckley, P. J., M. C. Casson and M. A. Gulamhussen, 2002, “Internationalisation – Real Options, Knowledge Management and the Uppsala Approach.”, In: Havila, V., Forsgren, M., Hakansson, H. (Eds.), Critical Perspectives on Internationalization. Pergamon, Oxford, pp. 229 – 261.

③ Rivoli, P. and E. Salorio, 1996, “Foreign Direct Investment and Investment under Uncertainty.”, *Journal of International Business Studies*, 27 (2), pp. 335 – 355.

④ Milne, A., and A. Whalley, 2000, “Time to Build, Option Value and Investment Decisions': A Comment”, *Journal of Financial Economics*, 56, pp. 325 – 332.

⑤ Blandon, J. G., 2001, “The Timing of Foreign Direct Investment under Uncertainty: Evidence from the Spanish Banking Sector”, *Journal of Economic Behavior and Organization*, 45 (2), pp. 213 – 224.

⑥ Fisch, J. H., 2008, “Internalization and Internationalization under Competing Real Options”, *Journal of International Management*, 14 (2), pp. 108 – 123.

⑦ 张小茜、汪炜、史晋川：《利率市场化与信贷配给——一个基于 IRR 的实物期权模型》，载《金融研究》2007 年第 3 期。

⑧ 王媛、贾生华：《不确定性、实物期权与政府土地供应决策：来自杭州的证据》，载《世界经济》2012 年第 3 期。

⑨ 丁淑娟：《实物期权视角下外资银行进入时机研究》，山东大学博士学位论文，2012 年。

2.5 现有文献的总结与评述

尽管对企业市场进入次序的研究文献丰富了异质性企业理论，拓宽了企业出口行为的研究，但仍处于起步阶段，具有进一步提升的广阔空间：

其一，从研究对象来看，现有文献不同程度地关注了墨西哥、智利、哥伦比亚等新兴国家的企业进入国际市场次序的问题，但是中国作为世界第一贸易大国和典型的新兴国家，其相关研究尚为空白。

其二，从研究内容来看，现有文献多以企业为基本单位进行研究，但在现实经济生活中，多产品、多市场出口企业占比较高（Goldberg et al.，2010①；钱学锋等，2013②），而同一企业在不同产品、不同市场中出口次序的选择是不同的。换言之，将企业视为一个整体，会忽视不同产品和市场的特征。

其三，从研究深度来看，出口企业的市场进入次序决策，不仅包括自身充当出口开拓者或出口延迟者的角色定位，还包括充当次数、跟随时间等，且这些决策在不同产品、不同所有权企业中很可能呈现出明显的差异。基于此，本书将研究对象转向我国的出口型工业企业，结合不同产品、不同所有权企业，沿着扩展边际视角来考察我国企业在“新的产品—市场组合”（以下简称新组合）出口中呈现的不同次序选择、次数选择以及跟随时间选择。

其四，从研究拓展来看，随着越来越多的出口企业转化为对外直接投资企业，它们在海外扩张、进入国际市场的过程中不仅展现了出口延迟的特征，还展现出投资延迟的特征。尽管已有少数学者关注到这一问题，但是本书与以往研究不同的是：以往研究虽利用实物期权理论解释企业对外投资的时机选择，但仅将降低“不确定性”视为企业延迟投资的唯一目的，忽略了企业通过等待提升生产率等自身投资能力的作用，所以本书将融合企业延迟投资的两个作用，构建一个 OFDI 企业投资延迟的综合分析框架；本书将在企业—市场二维维度下定义企业的投资时机，这是因为在

---

① Goldberg, P., A. Khandelwal, N. Pavcnik and P. Topalova, 2010, “Multi-product Firms and Product Turnover in the Developing World: Evidence from India”, *Review of Economics and Statistics*, 92 (4), pp. 1042 - 1049.

② 钱学锋、王胜、陈勇兵：《中国的多产品出口企业及其产品范围：事实与解释》，载《管理世界》2013 年第 1 期。

中国，部分企业在不同时间对不同国家进行多次投资，如果参照以往研究仅考察企业第一次投资的时机选择，不仅会丧失一定的观测样本，而且会忽略不同市场特征对企业投资延迟的影响。因此本书以企业在每个市场中的第一次投资时间作为被解释变量，不仅考察了企业自身特征对其投资延迟的影响，也能更为准确地分析东道国市场特征对企业投资延迟的影响情况。

已有研究的缺憾和试图创新的思考，正是本书写作的初衷之一。

第 3 章

企业市场进入次序的理论模型

在本章中，我们试图建立理论模型来说明一家出口企业如何在随机条件下选择进入国际市场的次序。为了减少不确定性，这家企业往往会分析各种信息，特别是从出口开拓者那里获取和积累知识与信息。

3.1 模型假设

参照 Bernanke（1983）[①] 的模型，本书假定：

（1）一旦进行出口，则进入“油泥—陶土模式”（Putty-clay model），即投入的物质资本等不可取消，是不可逆的；

（2）虽然出口企业可以在不同的市场做出不同的选择，但是由于资源的有限性，出口企业在某一种产品、某一个市场上必须做出是开拓还是延迟的唯一选择；

（3）企业是风险中立的，且无法保证出口行为不失败；

（4）在其他条件相等时，出口企业的收益与其获得知识和信息成正比。

在这些假设条件下，出口企业会在充当开拓者还是延迟者之间作出选择。但是，考虑到未来出口的收益面临不确定性，因此需要根据获得的信息作出决策，而这些信息的获得主要来自出口开拓者。基于此，一家出口企业会决定或者将某种产品即期出口到特定市场，或者延迟出口，直到搜

---

① Bernanke，B. S.，1983，“Irreversibility，Uncertainty，and Cyclical Investment”，*The Quarterly Journal of Economics*，98（1），pp. 85－106.

集到更多信息，并有助于未来获得出口收益为止。显然，在延迟出口的过程中，这家企业也就放弃了即期收益。

3.2 基本原理

为简单起见，我们用 t 代表即期，作出出口决策的最终时间为 T，T > t。在 s 期获得的信息集为 I_s，s = t，t + 1，…，T。根据 Bernanke（1983），我们假设信息集 I_s 是特定的，由 $n_s \times 1$ 向量组成，每一个向量都是随时间而变化的，且 I_s 服从特定的分布。

我们还假定 I_s 与 $I_r(r>s)$ 是相关的，故 I_s 是 $I_r(r>s)$ 的先验，且 I_r 的条件概率为 $p(I_r \mid I_s)$。在贝叶斯升级环境下，当先验提高时，则 I_r 估计的精确值会提高，$p(I_r \mid I_s)$ 也随之提高。对此，我们可以证明如下：

在一个简单的、常规的贝叶斯升级案例中，假定出口的未来收益率为 r，且 r 被观察到伴有误差 ε：

$$R = r + \varepsilon \tag{3-1}$$

其中，

$$r - N\left(\mu_r,\ \sigma_r^2 = \frac{1}{\tau_r}\right) \tag{3-2}$$

且

$$\varepsilon - N\left(0,\ \sigma_\varepsilon^2 = \frac{1}{\tau_\varepsilon}\right) \tag{3-3}$$

在这里，ε 独立于 r 而存在，σ_r^2 代表未来收益的方差，τ_r 和 τ_ε 分别代表未来收益和误差的精确值。

$$\mathrm{Var}\begin{bmatrix} R \\ r \end{bmatrix} = \begin{bmatrix} E[(R-\mu_r)^2] & E[(R-\mu_r)(r-\mu_r)] \\ E[(r-\mu_r)(R-\mu_r)] & E[(r-\mu_r)^2] \end{bmatrix} = \begin{bmatrix} \sigma_r^2 + \sigma_\varepsilon^2 & \sigma_r^2 \\ \sigma_r^2 & \sigma_r^2 \end{bmatrix} \tag{3-4}$$

那么，在 $R = r^*$ 既定的条件下，r 服从正态分布，即：

$$(r \mid R = r^*) - N(E[r \mid R = r^*],\ \mathrm{Var}[r \mid R]) \tag{3-5}$$

其中，

$$E[r \mid R = r^*] = \mu_r + \frac{\sigma_r^2}{\sigma_r^2 + \sigma_\varepsilon^2}(r^* - \mu_r) = \frac{\tau_r \mu_r + \tau_\varepsilon r^*}{\tau_r + \tau_\varepsilon} \tag{3-6}$$

且

$$\mathrm{Var}[r \mid R] = \sigma_r^2 - \frac{(\sigma_r^2)^2}{\sigma_r^2 + \sigma_\varepsilon^2} = \frac{\sigma_r^2 \sigma_\varepsilon^2}{\sigma_r^2 + \sigma_\varepsilon^2} = \frac{1}{\tau_r + \tau_\varepsilon} \tag{3-7}$$

在条件期望值和方差下，在 R 既定的条件下，r 的精确值可以表示为：

$$\tau_r \mid R = \tau_r + \tau_\varepsilon \tag{3-8}$$

因此，当 R 随着知识和信息的累积提高时，r 的精确值也在不断提高。

在上述原理得以证明的基础上，将某种产品出口至特定市场的即期收益，便取决于同期的信息集。该收益是正（获利）还是负（亏损），还要取决于决策的时间，因此是未来的随机变量。

以 $r_{i,s}$来表示 s 期出口产品 i 的收益，那么风险中立的企业会努力使其出口产品 i 在一定时期内（T－s，且 s＝t，t＋1，…，T）的收益 $R_{i,s}$最大化。我们定义出口产品 i 的预期收益为：

$$R_{i,s} = r_{i,s} + \beta E_s(R_{i,s+1}) \tag{3-9}$$

其中，β 是贴现因子。当出口结束后，其收益 $R_{i,s}$的残余价值给定为外生的。因此，出口产品 i 的预期收益取决于一定时期内未来收益的不确定性。为了将这种不确定性融入模型中，我们将（3－9）变形为：

$$R_{i,s} = r_{i,s} + \beta p(I_{s+1} \mid I_s) R_{i,s+1} \tag{3-10}$$

其中，在 s＋1 期的预期收益 $E_s(R_{i,s+1})$ 取决于信息集 I_{s+1}实现的概率，而 I_{s+1}是从现在可得信息 I_s 推导而来的。从本质上讲，$p(I_{s+1} \mid I_s)$ 是从先验（I_s）中获得贝叶斯后验概率。当知识和信息在 s 期不断积累时，$R_{i,s+1}$增加的倾向也会随之提高。

在每个时期，企业会从 k 种产品中选择一种，确保公式（3－9）所表示的收益最大化。而且，如果这些产品的最大化收益不能超过事先设定的收益率（V_t.），那么企业会选择放弃现在出口，并延迟至下一期出口。正如 Bernake（1983）所指出的，这种事先设定的收益率可以被定义为“延迟出口的预期价值”，并且可以严格地表示为非负形式，即

$$V_s = \beta E_s\{\max(R_{1,s+1}, \cdots, R_{k,s+1}, V_{s+1})\} \tag{3-11}$$

从本质上讲，一个企业只有在满足下列条件时才会考虑出口产品 i：

$$R_{i,s} = \max(R_{1,s}, \cdots, R_{k,s}) \tag{3-12}$$

且

$$R_{i,s} \geqslant V_s \tag{3-13}$$

Bernake（1983）主要关注的是公式（3－13）中通过等待至下一期而获得的信息价值；与之不同，我们重点强调了公式（3－12）中一个企业如何通过观察出口开拓者的行为不断累积不对称的知识与信息，从而提高获得收益最大化的可能性。尽管任何企业都能够从全球公共知识中同等地获取某一市场的信息，但是该市场的内在信息只能通过相同市场的出口先驱者中获得，从而创造出相对于其他市场的企业特定优势。

现在，我们假定公式（3－12）所描述的情形发生在 s 期。如果一家企业决定即期出口产品 i，那么该出口产品的预期收益一定高于其他产品。但是，由于未来一段时间内环境是随机的、不确定的，那么在 s+1 期事后信息集 I_{s+1} 将与 s 期的事前信息集 I_s 存在显著的不同。换言之，贝叶斯后验概率 $p(I_{s+1} \mid I_s)$ 实际水平较低，导致出口产品 i 的预期收益并非是 s+1 期中所有 k 种产品出口收益中最高的。于是，考虑到出口产品的不可逆性，一旦在未来遇到更优收益的项目，企业将难以转换。因此，该企业在 s 期不选择出口收益最高的产品，并且断定在未来一段时期内会取得最优化的收益。

锁定这一出发点，就意味着该企业必须将其未来出口收益的判断误差控制为最小化。我们用 $X_{i,s+1}$ 表示出口误差，则

$$X_{i,s+1} = R_{i,s+1} - \max(R_{1,s+1}, \cdots, R_{i-1,s+1}, R_{i+1,s+1}, \cdots, R_{k,s+1}) \tag{3-14}$$

其中，$X_{i,s+1}$ 是负数，且其分布取决于 $p(I_{s+1} \mid I_s)$。由于未来的不确定性，出口有可能产生误差。从根本上讲，从出口开拓者那里获取的知识和信息，有助于降低不确定性，从而有助于降低误差。反映在上述理论模型中，即误差 $X_{i,s+1}$ 会变小。

将公式（3－9）、公式（3－12）和公式（3－14）联立，则一家企业选择是否在 s 期出口产品 i 的标准可以表示为：

$$r_{i,s} \geqslant -\beta E_s(X_{i,s+1} \mid X_{i,s+1} \leqslant 0, I_{s+1}) \tag{3-15}$$

公式（3－15）意味着，出口产品 i 获取的最优收益，取决于该产品相对于其他产品的出口误差。特别值得一提的是，只有且只有预测的贴现误差低于现阶段的收益 $r_{i,s}$，出口产品 i 的选择才是最优的。在这种情形下，$r_{i,s}$ 可以被类比为在 s+1 期发生的最糟糕的误差，以保证出口产品 i 成为最优选择。

因此，正如公式（3－16）如下所展示的，企业的目的在于使公式（3－15）发生的概率最大化，从而在一定期限内出口产品获益最大化的概

率提至最高。

$$\max\{prob[r_{i,s} \geqslant -\beta E_s(X_{i,s+1} \mid X_{i,s+1} \leqslant 0, I_{s+1})]\} \qquad (3-16)$$

然后，我们借助金融学文献里的 VaR（风险价值）来展示本书理论模型的目的，即出口开拓者的知识和信息如何有助于提高出口产品 i 获取最大化收益的概率。在 VaR 框架下，假设 $X_{i,s+1}$ 是正态分布的，那么公式（3－15）可以转换为：

$$-\frac{r_{i,s}}{\beta} = \mu_{X_{i,s+1}} - z \times \sigma_{X_{i,s+1}} \qquad (3-17)$$

其中，$-\frac{r_{i,s}}{\beta}$代表 VaR，即一家企业为确保出口产品 i 获取最优收益而作出的最差误差；z 代表正态分布的 z 值置信区间；$\mu_{X_{i,s+1}}$为算术平均值；$\sigma_{X_{i,s+1}}$为标准差。平均值和标准差均取决于信息集 I_{s+1}，其贝叶斯后验概率来自于先前的信息集 I_s。

公式（3－17）意味着，当信息集 I_s 增大时，后验概率 $p(I_{s+1} \mid I_s)$ 提高，不确定性降低；出口误差越接近于真实的平均数，标准差降低；z 值的统计置信水平也相应提高。

因此，该模型归根到底反映了知识和信息如何降低了不确定性，从而使预期误差降至最低。z 区越大，选择出口产品 i 并非下期最优选择的可能性越小。在一定时期内出口产品 i 的最优概率，可以见图 3－1 中灰色线高于黑色线的部分，从而也反映了即期出口和延迟出口的差别（见图 3－2）。

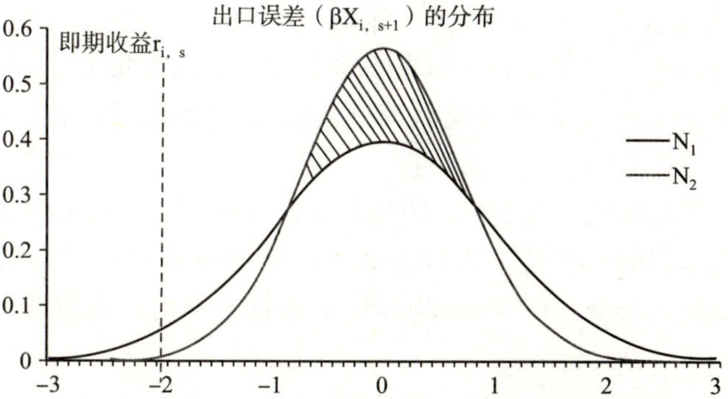

图 3－1　在一定时期内出口产品 i 的最优概率

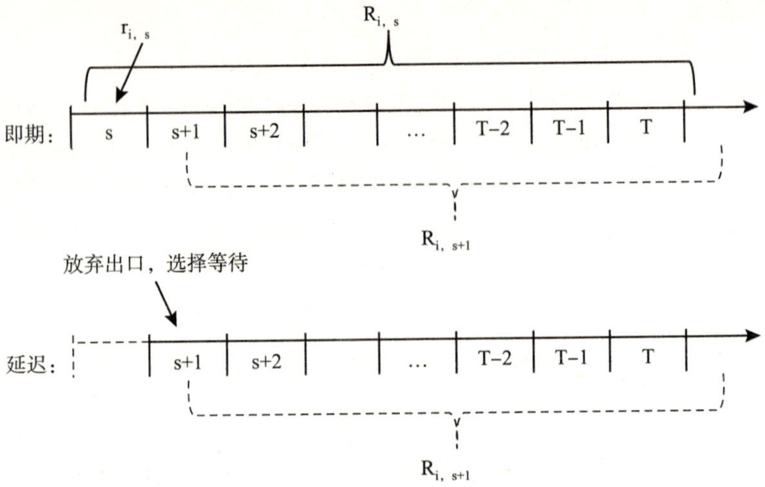

图 3－2 即期出口与延迟出口的对比

因此，使 z 区置信区间最大化，可以保证出口产品 i 的最优概率最大，因此公式（3－17）就等同于：

$$\max\left(z=\frac{\frac{r_{i,s}}{\beta}+\mu_{X_{i,s+1}}}{\sigma_{X_{i,s+1}}}\right) \tag{3-18}$$

显然，为了实现公式（3－18）所代表的收益最大化，一个企业需要或者降低平均值，或者降低标准差，或者同时降低二者的误差 $X_{i,s+1}$。更直接地说，如图 3－1 所示，一个企业为了收益率，或者将平均值右移至 0，或者将分布更加集中在平均值或标准差附近，从而降低方差。

$\mu_{X_{i,s+1}}$ 和 $\sigma_{X_{i,s+1}}$，均依赖于以 I_s 为条件的事前信息集 I_{s+1}。因此，模型意味着，使 $p(I_{s+1} \mid I_s)$ 最大化就等于使收益最大化，同时也使在一段期限内延迟出口产品 i 的收益最大化。

基于国际市场的不确定性，阻碍企业出口的一个关键限制条件就是知识。在缺乏知识的环境里，出口企业不得不基于自身不完全信息来决策（Johanson and Vahlne，1977[①]；2009[②]）。根据本书的理论假设，在事前信

① Johanson，J.，and Vahlne，J. E，1977，"The Internationalization Process of the Firm"，*Journal of International Business Studies*，8，pp. 23－32.

② Johanson，J.，and Vahlne，J. E. 2009，"The Uppsala Internationalization Process Model Revisited－From Liability of Foreignness to Liability of Outsidership"，*Journal of International Business Studies*，40，pp. 1411－1431.

息集基础上不断升级的、越来越多的知识和信息，有助于提高出口收益，降低不确定性，因此有可能产生最大化收益的出口决策。

因此，出口开拓者在国际市场上积累的知识，不仅有利于提高出口管理水平，而且有利于降低在外国市场上经营的不确定性，因此对出口延迟者而言，等待和延迟提高了产品出口的盈利性。在众多积累对称性知识和信息的模式中，出口延迟显然就是其中的一种。出口开拓者的出口经验和公开获得的信息为出口延迟者提供了其难以企及的内部化知识。从长期来看，在其他条件相同时，这些知识和信息大大提高了出口延迟者的收益，甚至有可能产生出口收益最大化。

3.3 实物期权的运用

在上述基本原理的基础上，本书尝试采用 Dixit and Pindyck（1994）① 等提出的实物期权理论来构建企业延迟出口的综合数理模型。不管企业选择作为开拓者还是延迟者出口，那么开拓与延迟之间的时间差均可以视为企业延迟出口的“准备过程”，而这个过程可以使企业至少在两个方面受益：一是通过国内经营改进生产技术、提高企业的生产率（Naude et al.，2013）②，形成企业出口优势，提高出口获益的可能性；二是企业通过学习出口开拓者的经验，积累海外市场的相关知识，降低出口的不确定性，进一步增大企业延迟出口的收益。也就是说，企业在延迟出口前的“准备”是为了等待一个更好的出口机会，这如同持有一个“看涨期权”，虽然这种准备使企业失去了即期的出口收益，但也给企业带来了额外的“实物期权价值”。而这种期权价值的考虑正是本书与异质性企业理论的重要区别所在。尽管本书以异质性企业理论的微观数据为基础，也同样强调企业生产率等微观特征的作用，但值得指出的是，异质性企业理论以净现值法为基础，认为一旦企业生产率等特征确保企业的出口净现值大于零，企业便开始出口。这一理论虽然涵盖了企业第一阶段的准备过程，却忽略了其在不确定环境下的延迟收益。因此，本书采取实物期权理论进行研究能

① Dixit，A. K and R. S. Pindyck，1994，*Investment under Uncertainty*，Princeton University Press.

② Naude，W.，T. Gries and N. Bilkic，2013，“Firm-level Heterogeneity and the Decision to Export：A Real Option Approach”，IZA DP，No. 7346.

在一定程度上修正异质性企业理论对企业出口决策的指导性偏差。

与此同时，本书所构建的实物期权模型不仅能利用随机过程来模拟企业在出口环境变化下的不确定价值，而且还能运用金融领域的期权定价模型对企业的“实物期权价值”进行定量分析，并以此决定企业的出口延迟时间。可以说，实物期权理论在企业出口领域的应用，不仅修正了企业出口决策的指导性偏差，也使我们对企业延迟出口决策的定量研究成为可能，丰富了对企业出口行为选择的研究内容。

在实物期权视角下，企业的出口行为是可延迟的，进入成本是不可逆的，与现实经济生活保持一致。在此基础上，假设开拓者企业在 $t=0$ 时出口，而此时出口延迟者为其下一期出口进行准备工作，不仅提升了自身的生产率等，使其具备出口盈利的能力，也通过延迟获得新的信息，降低了出口的不确定性和成本。与 3.2 部分的基本原理相一致，出口延迟的这两种作用均可外化为企业出口价值（V）的提升，直至 $t=T$ 时，企业的出口收益达到临界值（V^*），企业才决定进行出口，放弃持有的看涨期权。此时，企业的出口成本为 I，未来收益的现值（折现到 T 时刻）为 V_T，企业延迟出口的最大化收益为：

$$F(V)=\max E[(V_T-I)e^{-\rho T}] \tag{3-19}$$

其中，F(V) 为出口机会（期权）的价值，E(·) 表示期望算子，ρ 为贴现率。根据 Dixit and Pindyck（1994），我们假设出口收益 V 服从几何布朗运动的变化，即：

$$dV=aVdt+\sigma Vdt \tag{3-20}$$

其中，dt 是维纳过程的增量，a 是出口价值的漂移率，σ 是出口价值的方差。同时，我们必须假设 $a\pi\rho$，否则，T 越大，F(V) 越大，则公式（3-19）不存在最优解。

由于在 $t\subseteq(0,T)$ 期间，企业为持有出口期权而放弃即期出口收益，故在此阶段，企业持有期权的机会成本等于期权价值的资本增值，即：

$$\rho Fdt=E(dF) \tag{3-21}$$

运用伊藤引理（Ito's Lemma）将 dF 展开，有：

$$dF=F'(V)dV+\frac{1}{2}F''(V)(dV)^2 \tag{3-22}$$

将公式（3-22）代入公式（3-21）中，可得：

$$\frac{1}{2}\sigma^2V^2F''(V)+aVF'(V)-\rho F=0 \tag{3-23}$$

本书假设 $a=\rho-\delta(\delta\phi 0)$，其中 δ 为企业出口的净折现率（$\rho-a$），或

者说是持有期权的净机会成本，则公式（3－23）可化简为：

$$\frac{1}{2}\sigma^2 V^2 F''(V) + (\rho - \delta) VF'(V) - \rho F = 0 \tag{3－24}$$

为求解出投资期权价值 F(V) 和最优投资收益的临界值 V^*，函数 F(V) 必须满足以下条件：

初始条件：$F(0) = 0$

最优条件：$F(V^*) = V^* - I$；$F'(V) = 1$

最优条件表示只有当 V 达到 V^* 时，企业才会进行投资，即 $T = \inf(t \mid V_t \geqslant V^*)$。同时，在 $V = V^*$ 时，F(V) 与 V－I 相切。

为满足公式初始条件，F(V) 应采取下列形式：

$$F(V) = AV^{\beta} \tag{3－25}$$

将公式（3－25）代入公式（3－24），可得：

$$Y = \frac{1}{2}\sigma^2 \beta(\beta - 1) + (\rho - \delta)\beta - \rho = 0 \tag{3－26}$$

假设 β 为上述一元二次方程的根，则有：

$$\beta_1 = \left(\frac{1}{2} - \frac{\rho - \delta}{\sigma^2}\right) + \sqrt{\left(\frac{\rho - \delta}{\sigma^2} - \frac{1}{2}\right)^2 + \frac{2\rho}{\sigma^2}} \phi 1 \tag{3－27}$$

$$\beta_2 = \left(\frac{1}{2} - \frac{\rho - \delta}{\sigma^2}\right) - \sqrt{\left(\frac{\rho - \delta}{\sigma^2} - \frac{1}{2}\right)^2 + \frac{2\rho}{\sigma^2}} \pi 0（舍去） \tag{3－28}$$

此外，将公式（3－25）代入初始条件与最优条件方程，可求出最优出口的临界值 V^*：

$$V^* = \frac{\beta_1}{\beta_1 - 1} I \tag{3－29}$$

根据公式（3－29）可看出，企业出口的临界值 V^* 是 β_1 的减函数，而 V 又是随着时间 t 的推移而增大，所以 β_1 的增大会减小 V^* 进而引起延迟时间 T 的减小。

而根据公式（3－25）和公式（3－26）可知，参数 ρ、δ 以及 σ 均会对 β_1 的取值产生影响，所以，我们可以得出企业延迟出口时机 T 与 ρ、δ 以及 σ 的值有关。

将公式（3－26）对参数 ρ 进行全微分分解，得：

$$\frac{\partial \beta}{\partial \rho} = -\frac{\frac{\partial Y}{\partial \rho}}{\frac{\partial Y}{\partial \beta}} = -\frac{\beta - 1}{\sigma^2\left(\beta - \frac{1}{2}\right) + (\rho - \delta)} \pi 0 \tag{3－30}$$

同理可得：

$$\frac{\partial\beta}{\partial\delta}=-\frac{\frac{\partial Y}{\partial\delta}}{\frac{\partial Y}{\partial\beta}}=-\frac{-\beta}{\sigma^2\left(\beta-\frac{1}{2}\right)+(\rho-\delta)}>0 \tag{3-31}$$

$$\frac{\partial\beta}{\partial\sigma}=-\frac{\frac{\partial Y}{\partial\sigma}}{\frac{\partial Y}{\partial\beta}}=-\frac{\sigma\beta(\beta-1)}{\sigma^2\left(\beta-\frac{1}{2}\right)+(\rho-\delta)}<0 \tag{3-32}$$

根据公式（3-30）、公式（3-31）和公式（3-32）可知，在其他变量不变的情况下：

（1）ρ 增大会使 β_1 的值减小，V^* 的值增大，企业出口延迟时间 T 的值增大。这是因为，ρ 的增大会使企业延迟出口成本的现值 $Ie^{-\rho T}$减小，但由于企业延迟收益的净贴现率 $\delta=\rho-a$ 保持不变，所以企业延迟出口收益的贴现值 $Ve^{-\delta T}=Ve^{-(\rho-\alpha)T}$也保持不变。根据公式（3-19）可以得出：随着 ρ 的增大，企业的出口期权价值 F(V) 也增大，进而导致企业推迟期权的执行，使出口的延迟时间 T 增大。

（2）δ 增大会使 β_1 的值增大，V^* 的值减小，企业延迟出口时间 T 的值减小。这是因为，δ 代表企业出口的净收益率，或者说企业持有出口期权的机会成本，所以，δ 的增大会使企业出口的收益增大，同时也使企业持有期权的机会成本随之增大，进而导致企业提前执行期权，使出口延迟时间 T 减小。

（3）σ 增大会使 β_1 的值减小，V^* 的值增大，企业延迟出口时间 T 的值增大。这是因为 σ 越大，企业海外出口所面临的风险和不确定性就越大，此时，企业持有的期权价值也越大，从而导致企业延迟执行期权，使出口延迟时间 T 增大。

值得一提的是，实物期权对延迟出口现象的解释，也可以用于延迟投资现象的解释，在本书第 6 章中也将加以实证检验。

3.4 本章小结

本章在提出理论假设的的基础上，先从基本原理出发，从理论上解释了企业延迟出口的动因在于，出口开拓者在国际市场上积累的知识，不仅有利于提高出口管理水平，而且有利于降低在外国市场上经营的不确定性，因此对出口延迟者而言，等待和延迟提高了产品出口的盈利性。从长期来看，在其他条件相同时，这些知识和信息大大提高了出口延迟者的收益，甚至有可能产生出口收益最大化。进而，本章基于 Dixit and Pindyck（1994）的实物期权模型，构建企业出口延迟决策的理论模型，并利用比较静态分析法剖析各参数对企业出口延迟时机决策的影响。该理论模型的建立，为本书下文的实证检验与分析提供了理论框架与基础。

第 4 章

出口企业市场进入次序的典型化事实

如前所述，现有文献多以企业为基本单位进行研究，与现实经济生活中多产品、多市场出口企业占比较高的实际情况并不吻合，需要进一步修正。与此同时，为了描述出口企业市场进入次序的现状，并且为后文的实证检验奠定数据基础，本章进行了数据整理、筛选匹配和事实描述等基础性工作。

4.1 数据整理与筛选

本书采用 2000 ~ 2006 年《中国工业企业数据库》与《中国海关数据库》，基于出口扩展边际的视角，按照产品—市场—企业维度对企业进入市场中的次序选择进行数据整理与筛选。

第一步，数据库合并。本书按照企业代码，将 2000 ~ 2006 年中国工业企业数据库中 1519478 条企业观测数据整理为面板数据，然后按照企业名称的序贯识别法与中国海关数据库进行合并，以期获得囊括企业基本信息（资产、所有者权益、劳动人数等）与出口产品信息（出口产品编码、贸易方式等）在内的全面数据，共得到观测数据 865241 条。

第二步，定义我国所出口的“新的产品—市场组合”。本书选择 1997 ~ 2000 年中国出口到世界各国的 HS - 6 产品数据作为参照，与 2001 ~ 2006 年中国出口到世界各国的 HS - 6 产品数据进行对比①，筛选出中国对世界出口的新组合。

① 相关数据均来源于 UN Comtrade 数据库。

需要说明的是：（1）根据 Morales et al.（2011①，2014②）的分解方法，一国的出口扩展边际可分解为旧产品旧市场的新组合、旧产品出口到新市场、新产品至旧市场、新产品出口到新市场四个组成部分。本书“新的产品市场组合”包含了上述全部四种情形，反映了我国出口扩展边际提升的全部可能性。（2）鉴于本书考虑滞后一期的企业和宏观经济变量对进入次序选择的影响，故删除2000年的相关新组合数据。（3）鉴于商品名称及编码协调制度（Harmonized System）先后于1996年、2002年、2007年、2012年对部分产品编码进行了更新，因此为获得一致的产品编码，本书将各年的贸易产品编码统一调整为HS1992。（4）为保证数据的稳定性，本书将1997~2000年任意一年出口的产品—市场组合视为旧组合，而将在2001~2006年至少出口两年的产品—市场组合视为新组合。

第三步，定义出口开拓者和出口延迟者。将上述新组合与合并数据库进行匹配，获得新组合出口企业的全面信息。同时定义在第一年进行新组合出口的企业为出口开拓者，而在随后年份出口的为出口延迟者。例如，2003年，中国首次将产品160412（制作或保藏的鲱鱼）出口至韩国，根据中国海关数据库，2003年进行新组合出口的企业为文登昆扬水产食品有限公司，则将该企业设定为开拓者，而将随后年份出口的企业，如威海南一水产有限公司、长岛海达利水产养殖有限公司、荣成创味食品有限公司等企业设定为该组合出口的跟随者。据此，共得到新的产品市场组合15732个，涉及产品3166种，国家135个，企业16995家，其中出口开拓者8167家，出口延迟者13537家③，产品—市场—企业样本量共计56466个。

4.2 事实描述

4.2.1 出口开拓者与延迟者的数量

2001~2006年我国新组合出口情况如表4-1所示。2001~2005年，

① Morales, E., G. Sheu. and A. Zahler, 2011, “Gravity and Extended Gravity: Estimating a Structural Model of Export Entry”, University Library of Munich, MPRA Paper 30311.

② Morales, E., G. Sheu and A. Zahler, 2014, “Gravity and Extended Gravity: Estimating a Structural Model of Export Entry”, Working Paper 19916.

③ 出口开拓者与出口延迟者个数之和超过企业总数，表明存在同一企业参与不同新组合的出口。

各年出口的新组合数分别为 2412 种、3623 种、3593 种、3514 种和 2590 种，而充当这些组合出口的出口开拓者个数分别为 1552 家、2419 家、2520 家、2827 家和 2445 家。各年中出口开拓者的个数均少于新组合数，说明部分企业充当了不同新组合的出口开拓者。例如，北京卓宸畜牧有限公司不仅成为将产品 020130（鲜或冷藏的去骨野牛肉）出口至约旦的出口开拓者，同时也是出口产品 020422（鲜或冷藏的带骨绵羊肉）至科威特的出口开拓者。相应地，2002～2006 年，各年新增的出口延迟者个数大幅增加，从 2002 年的 571 家激增至 2006 年的 7911 家。这既得益于新组合数的增加，也得益于出口开拓者溢出效应的存在，从而促使大量企业加入新组合出口的行列中。

表 4－1　　新组合出口概况

		2001 年	2002 年	2003 年	2004 年	2005 年	2006 年
新组合数		2412	3623	3593	3514	2590	—
开拓企业	个数（家）	1552	2419	2520	2827	2445	—
	出口新增额（百万美元）	84.69	293.05	409.60	450.82	317.53	—
延迟企业	个数（家）	—	571	1744	3825	5418	7911
	出口新增额（百万美元）	—	45.72	252.81	508.77	1268.50	2531.56

资料来源：《中国海关数据库》和《中国工业企业数据库》，并由作者计算而得。

4.2.2　“新组合”的出口地位

4.2.2.1　新组合出口的数量和走势

图 4－1 分别描述了样本期间新组合出口金额及其在中国总出口额中占比的变化趋势。根据图 4－1 可以看出：

（1）2001～2006 年，新组合出口额在总体上呈较显著的增长趋势，从 2001 年的 5.78 亿美元迅速增加到 2006 年的 124.17 亿美元，年增长率高达 66.73%。

（2）从新组合出口额在总出口额中的绝对占比来看，尽管该值呈现出较为显著的上升趋势，但绝对值并不高。在 2001～2005 年间，新组合出口占比一直低于 1%，在 2006 年，该值首次上升至 1% 以上，这意味着在中国，出口额主要由旧的产品—市场组合构成，这也说明了中国出口主要沿着深度边际，而非扩展边际增长的现实。

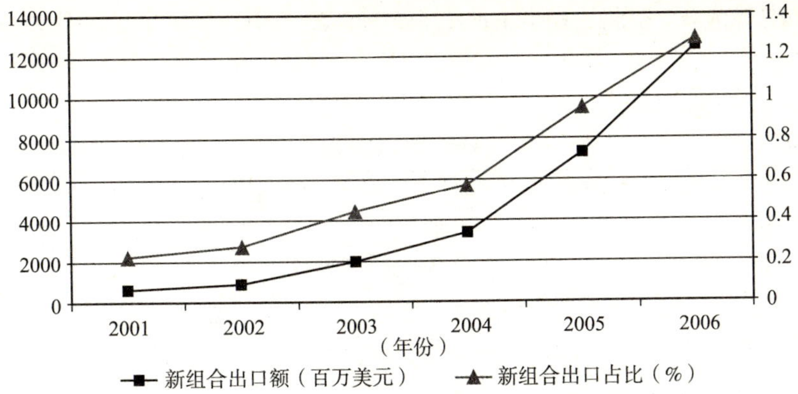

图 4 - 1　新组合出口额及占全国总出口量的比重

（3）新组合出口在总出口额中的相对占比呈现出有趣的特征。在 2001 ~ 2006 年新组合出口的相对占比表现出超速增长态势。2001 年，新组合出口仅占总出口额的 0.22%，但这一数值到 2006 年激增至 1.28%。这说明，新的产品—市场组合出口在最初几年的增速高于全国的整体水平或者说旧的产品—市场组合的出口增速下降。这一现象与 Eaton et al.（2008）①、Albornoz et al.（2012）② 以及 Nguyen（2012）③ 等的研究结果不谋而合，即企业在进行新产品或新市场的出口时，首先会利用少量金额进行试探性出口，如果可以存活，便大幅增加出口额。从这一角度也可以看出，新组合出口的增加不仅可以提升中国出口的扩展边际，还能在一定程度上提高中国出口的增长速度。

4.2.2.2　新组合出口的构成及其对中国出口增长的贡献率分析

根据 Morales et al.（2014）的研究，本书将中国的新组合分解为旧产品出口到旧市场的新组合、旧产品出口到新市场、新产品出口至旧市场、新产品出口到新市场四个部分组成。但鉴于本书仅以能获得宏观数据的 126 个东道国为研究对象，故旧产品出口到新市场和新产品出口到新市场

---

① Eaton, J., E. Marcela., M. Kuglery and J. Tybout, 2008, "Export Dynamics in Colombia: Transactions Level Evidence", Borradores de Economia, Banco de la Republica de Colombia 522, Banco de la Republica de Colombia.

② Albornoz, F., F. Hector., C. Pardo., G. Corcos and E. Ornelas, 2012, "Sequential Exporting", *Journal of International Economics*, 88 (1), pp. 17 - 31.

③ Nguyen, D. X., 2012, "Demand uncertainty: Exporting Delays and Exporting Failures", *Journal of International Economics*, 86 (2), pp. 336 - 344.

的情况皆为0。据此，在本书的17685种新组合中，其构成情况如表4－2所示。

表4－2 新组合构成情况

新组合类别	组合个数	个数占比（%）	出口金额（百万美元）	金额占比（%）
旧产品旧市场的新组合	17577	99.39	26043	98.70
旧产品至新市场	0	0	0	0
新产品至旧市场	108	0.61	344	1.30
新产品至新市场	0	0	0	0
总计	17685	100	26387	100

资料来源：《中国海关数据库》和《中国工业企业数据库》，并由作者计算而得。

在本书所涉及的3166种产品中，新产品仅有9种，由此形成的新组合为108个，个数占比仅为0.61%，出口金额占比为1.30%，可见，中国新组合出口的绝大部分是由旧产品出口到旧市场的新组合构成，这与钱学锋和熊平（2010）的研究结果不谋而合。

在此基础上，根据Morales et al.（2014）的方法对中国2001～2006年的出口增长进行分解，即从产品—市场组合层面分析新组合和旧组合出口对中国出口增长的贡献情况。

其中，中国在t_1期对世界的出口可以表示为：

$$\sum_{pm \in \Omega_1} V_{pm,\ t_1} = \sum_{pm \in \Omega_{old}} V_{pm,\ t_0}(1 + \Delta\% V_{pm}) + \sum_{pm \in \Omega_{new}} V_{pd,\ t_1} \qquad (4-1)$$

其中，V代表出口产品的价值，p代表产品，m代表市场，而Ω则代表在t_1期中国出口的产品—市场组合。根据公式（4.1）可以发现，中国在t_1期的出口价值由两个部分构成：

一部分为旧组合的出口价值：$\sum_{pm \in \Omega_{old}} V_{pm,\ t_0}(1 + \Delta\% V_{pm})$，即在$t_0$期出口价值为正、在$t_1$期仍出口的组合价值，该值为其在$t_0$期的出口值乘以$(1 + \Delta\% V_{pm})$。其中，$\Delta\% V_{pm}$为旧组合出口的增长率，可表示为：

$$\Delta\% V_{pm} = \frac{\sum_{pm \in \Omega_{old}} V_{pm,\ t_1} - \sum_{pm \in \Omega_{old}} V_{pm,\ t_0}}{\sum_{pm \in \Omega_{old}} V_{pm,\ t_0}} \qquad (4-2)$$

另一部分为新组合的出口价值：$\sum_{pm \in \Omega_{new}} V_{pm,t_1}$，根据Morales等（2014）的研究，该出口价值具体可分解为四个部分，如公式（4－3）所示：（1）t_0

期的旧市场和旧产品在 t_1 期形成的新组合，如在 t_0 期中国出口眼镜到英国，出口手表到韩国，但在 t_1 期，中国开始出口手表到英国；（2）在 t_1 期有新产品出口至 t_0 期已经存在的市场；（3）t_0 期存在的产品在 t_1 期出口至新市场；（4）在 t_1 期有新产品出口至新市场。

$$\sum_{pm\in\Omega_{new}} V_{pm,\,t_1} = \sum_{p\in P_{old}\text{ and }m\in M_{old}\text{ and }pm\in PM_{new}} V_{pm,\,t_1} + \sum_{p\in P_{new}\text{ and }m\in M_{old}} V_{pm,\,t_1} + \sum_{p\in P_{oldew}\text{ and }m\in M_{new}} V_{pm,\,t_1} + \sum_{p\in P_{new}\text{ and }m\in M_{old}} V_{pm,\,t_1} + \sum_{p\in P_{new}\text{ and }m\in M_{new}} V_{pm,\,t_1} \qquad (4-3)$$

由于我国在 t_0 期出口的总价值等于在 t_1 期仍然出口的组合加上 t_1 期停止出口的组合在 t_0 期的价值，因此 t_0 期的出口可以分解为：

$$\sum_{pm\in\Omega_0} V_{pm,\,t_0} = \sum_{pm\in\Omega_{old}} V_{pm,\,t_0} + \sum_{pm\in\Omega_0\text{ and }pm\notin\Omega_1} V_{pm,\,t_0} \qquad (4-4)$$

将公式（4-1）和公式（4-4）结合起来，可得到我国 t_0 到 t_1 期出口变化的百分比，为：

$$\frac{\sum_{pm\in\Omega_1} V_{pm,\,t_1} - \sum_{pm\in\Omega_0} V_{pm,\,t_0}}{\sum_{pm\in\Omega_0} V_{pm,\,t_0}} = \frac{\sum_{pm\in\Omega_{old}} V_{pm,\,t_0}(1+\Delta\% V_{pm})}{\sum_{pm\in\Omega_0} V_{pm,\,t_0}} + \frac{\sum_{pm\in\Omega_{new}} V_{pm,\,t_1}}{\sum_{pm\in\Omega_0} V_{pm,\,t_0}} - \frac{\sum_{pm\in\Omega_{old}} V_{pm,\,t_0} + \sum_{pm\in\Omega_0\text{ and }pm\notin\Omega_1} V_{pm,\,t_0}}{\sum_{pm\in\Omega_0} V_{pm,\,t_0}} \qquad (4-5)$$

公式（4-5）表明，中国从 t_0 到 t_1 期的出口增长率可以分解为继续存在的旧组合出口的增长率、新组合出口的增长率以及 t_0 到 t_1 期消失组合的出口百分比。

据此，本书采用上述分解方法，计算并分析不同组合出口对中国2001～2006年出口增长的贡献率，结果如表4-3所示。2001～2009年，中国的出口贸易额增长了2.64倍，其中绝大部分增长来自于这一期间持续出口的旧的产品—市场组合，贡献率高达87.22%；其次是2001年已出口的旧产品和旧市场形成的新组合，贡献率为13.87%；部分产品—市场组合在2009年停止出口，即原来的出口贸易关系不复存在，这部分组合对出口增长的贡献率为-1.56%；新产品出口至旧市场的贡献率非常小，仅为0.47%；由于本书剔除了出口至新市场的情况，故旧产品出口至新市场和新产品出口至新市场的比例为0。

若以二元边际来衡量，会发现集约边际（持续出口的旧组合减去停止出口的旧组合）对总出口的贡献率为 85.66%；而扩展边际（新的产品—市场组合）对出口增长的贡献率仅为 14.34%，与钱学峰和熊平（2010）等学者的研究结果相符合。这不仅说明了我国现阶段出口增长主要依赖于深度边际而非扩展边际的事实，也充分暴露出我国出口增长不稳定的深层次原因，所以如何从新组合出口角度提升我国的扩展边际不仅与目前国际贸易理论的前沿研究一致，也与我国出口增长的潜力挖掘息息相关。

表 4-3　　2001 ~ 2009 年中国出口的增长分解

	出口分解	公式	各部分增长率	对实际出口增长率的贡献
(1)	实际出口增长率	$\dfrac{\sum_{pd \in PD_{t_1}} X_{pd,t_1} - \sum_{pd \in PD_{t_0}} X_{pd,t_0}}{\sum_{pd \in PD_{t_0}} X_{pd,t_0}}$	264.14%	100.00%
(2)	持续出口的产品—市场组合增长率	$\dfrac{\sum_{pd \in \Omega_{old}} V_{pd,t_0} \Delta\% V_{pd}}{\sum_{pd \in \Omega_0} V_{pd,t_0}}$	230.38%	87.22%
(3)	停止出口的产品—市场组合增长率	$\dfrac{\sum_{pd \in \Omega_0 \text{ and } pd \notin \Omega_1} V_{pd,t_0}}{\sum_{pd \in \Omega_0} V_{pd,t_0}}$	4.12%	1.56%
(4)	旧市场旧产品的新组合	$\dfrac{\sum_{p \in P_{old} \text{ and } d \in D_{old} \text{ and } pd \in PD_{new}} V_{pd,t_1}}{\sum_{pd \in \Omega_0} V_{pd,t_0}}$	36.64%	13.87%
(5)	旧产品出口至新市场	$\dfrac{\sum_{p \in P_{oldew} \text{ and } d \in D_{new}} V_{pd,t_1}}{\sum_{pd \in \Omega_0} V_{pd,t_0}}$	0	0
(6)	新产品出口至旧市场	$\dfrac{\sum_{p \in P_{new} \text{ and } d \in D_{old}} V_{pd,t_1}}{\sum_{pd \in \Omega_0} V_{pd,t_0}}$	1.24%	0.47%

续表

	出口分解	公式	各部分增长率	对实际出口增长率的贡献
(7)	新产品出口至新市场	$\frac{\sum_{p \in P_{new} \text{ and } d \in D_{new}} V_{pd,\ t_1}}{\sum_{pd \in \Omega_0} V_{pd,\ t_0}}$	0	0
(2)~(3)	旧组合出口的贡献率（集约边际）		226.26%	85.66%
(4)+(5)+(6)+(7)	新组合出口的贡献率（扩展边际）		37.88%	14.34%

资料来源：《中国海关数据库》和《中国工业企业数据库》，并由作者计算而得。

4.2.3 出口开拓者与延迟者的所有权属性

本书根据企业所有权属性，将企业分为国有企业、三资企业、集体企业和私营企业。这四类企业在我国新组合出口中的作用如表4-4所示。栏（1）表示在全部出口开拓者和出口延迟者中不同所有权企业的个数占比，栏（2）则表示在每一类企业中新组合出口的出口开拓者或出口延迟者的占比情况。

表4-4　新组合出口企业的所有权属性与地区分布

分类标准		(1)			(2)		
		出口开拓者	出口延迟者	总体	出口开拓者	出口延迟者	合计
企业类型	三资企业	53.87%	50.70%	52.23%	63.46%	36.54%	100%
	国有企业	12.59%	7.71%	9.09%	47.28%	52.72%	100%
	私营企业	22.64%	34.06%	30.53%	23.32%	76.68%	100%
	集体企业	10.90%	7.53%	8.14%	44.11%	55.89%	100%
	合计	100%	100%	100%	—	—	—
所在地区	东部地区	89.65%	91.12%	90.40%	65.90%	34.10%	100%
	中部地区	5.61%	4.87%	5.27%	40.39%	59.61%	100%
	西部地区	4.74%	4.02%	4.33%	36.72%	63.28%	100%
	合计	100%	100%	100%	—	—	—

资料来源：《中国海关数据库》和《中国工业企业数据库》，并由作者计算而得。

统计结果表明，三资企业无论是作为出口开拓者还是出口延迟者，均占据半壁江山。在参与的27208个产品—市场—企业观测数据中，三资企业充当出口开拓者的比例达63.46%，远远高于其他类型企业。究其原因，三资企业与国外市场联系密切，在新组合出口中面临的不确定性最小，因此在新的产品—市场开拓中表现得尤为活跃。国有企业与私营企业则呈现出完全不同的态势：一方面，国有企业参与新组合出口的个数低于三资企业和私营企业，反映出长期以来，国有企业的创新意识不足，进行投资、生产与出口时更倾向于选择低风险的成熟产品；相比之下，私营企业具有较强的忧患和自主创新意识，管理机制较为灵活（陈勇兵等，2012），参与新组合出口的积极性较高。另一方面，虽然私营企业参与的个数较多，但是囿于较弱的风险控制能力和较为严苛的资金约束，仅有23.32%的私营企业是作为出口开拓者进行出口的，明显落后于国有企业的出口开拓者比重（47.28%）。这说明尽管国有企业出口新组合的积极性不高，但雄厚的资金实力和完善的销售渠道确保其有能力充当出口开拓者，而私营企业充当出口开拓者的能力和条件亟待进一步提升。

4.2.4 出口开拓者与延迟者的地区分布

根据企业所在省份，可得到东部、中部和西部地区[①]参与新组合出口的企业个数占比及其充当出口开拓者或出口延迟者的情况（见表4-4）。可以看出，东部地区的新组合出口企业在全部出口开拓者和出口延迟者中的占比均高达90%左右，占据绝对的优势地位。其中，65.90%的东部企业在出口中选择充当出口开拓者，而中、西部地区的这一比例仅为40.39%和36.72%。东部企业在新组合出口中的活跃表现，要归因于地理位置、出口经验、贸易政策方面的诸多优势，这些贸易优势为出口企业积累了丰富的前期出口经验，有效降低了企业新组合出口的进入成本和不确定性。这同时也意味着，后文的实证检验必须考虑到这种地区之间的差异性，并将地区固定效应引入模型，以此控制地区差异对我国企业市场进入次序选择的影响。

① 东部地区包括：黑龙江省、吉林省、辽宁省、北京市、天津市、上海市、河北省、山东省、江苏省、浙江省、福建省、台湾省、广东省、海南省；中部地区包括：山西省、河南省、湖北省、安徽省、湖南省、江西省；西部地区包括：内蒙古自治区、新疆维吾尔自治区、宁夏回族自治区、陕西省、甘肃省、青海省、重庆市、四川省、西藏自治区、广西壮族自治区、贵州省、云南省。

4.2.5　出口开拓者与延迟者的行业分布

从企业所属行业来看，进行新组合出口的16995家企业分布在29个行业中（见表4-5）。可以直观地发现，各行业在企业占比、出口开拓者个数与出口延迟者个数方面均存在明显的差异，这与行业的特殊性不无关联。在三项统计中均位居第一位的纺织业，样本期内一直是我国出口优势产业，在国外拥有较好的品牌优势与完善的销售渠道，故该行业的企业在新组合出口时面临的不确定性小、市场前景好，参与的积极性也最高。与此同时，纺织业的进入门槛低、企业存量大也是其出口开拓者、出口延迟者个数居多的一个重要原因。与之截然不同的是，出口开拓者与出口延迟者个数最少的为石油加工、炼焦及核燃料加工业。究其原因，该行业为我国的基础资源行业，企业进入门槛较高，据国家统计局统计，截至2013年底，我国石油加工、炼焦及核燃料加工业规模以上企业数量仅有2064家，行业市场集中性特征明显。同时，我国又是石油需求大国，对该行业产能的吸收能力强，故石油类企业更为倚重本土市场，忽视了对海外市场的开拓，进而导致该行业的出口开拓者与出口延迟者个数较少。新组合出口企业在行业分布间的显著差异，同样意味着实证检验需要同时将行业固定效应考虑在内，以控制行业差异对我国企业市场进入次序的影响。

表4-5　新组合出口企业的行业分布

行业分类	企业占比（%）	企业占比排名	出口开拓者个数	出口延迟者个数
13　农副食品加工业	4.03	10	320	574
14　食品制造业	2.27	16	212	300
15　饮料制造品	0.57	28	38	65
17　纺织业	10.95	1	976	1619
18　纺织服装、鞋、帽制造业	3.45	13	303	400
19　皮革、毛皮、羽毛（绒）及制品	1.81	18	140	224
20　木材加工及木、竹、藤、棕、草制品	2.19	17	185	322
21　家具制造业	1.72	20	118	261
22　造纸及纸制品业	1.30	24	117	181
23　印刷业和记录媒介的复制	0.61	27	51	78
24　文教体育用品制造业	2.77	15	228	407

续表

行业分类	企业占比（%）	企业占比排名	出口开拓者个数	出口延迟者个数
25 石油加工、炼焦及核燃料加工业	0.14	29	12	15
26 化学原料及化学制品制造业	7.91	2	775	1055
27 医药制造业	1.77	19	194	226
28 化学纤维制造业	0.90	25	81	127
29 橡胶制造品	1.71	21	157	254
30 塑料制品业	4.01	11	332	537
31 非金属矿物制品业	4.14	9	361	587
32 黑色金属冶炼及压延加工业	1.67	22	148	246
33 有色金属冶炼及压延加工业	1.61	23	137	229
34 金属制造业	5.67	6	445	800
35 通用设备制造业	7.16	3	609	1038
36 专用设备制造业	4.97	8	446	694
37 交通设备制造业	5.33	7	417	817
39 电气机械及器材制造业	6.82	5	458	1075
40 通信设备、计算机及其他电子设备	7.02	4	608	924
41 仪器仪表及文化、办公用机械	3.68	12	402	413
42 废弃资源综合利用业	3.01	14	264	391
43 金属制品、机械和设备修理业	0.82	26	25	133

资料来源：《中国海关数据库》和《中国工业企业数据库》，并由作者计算而得。

4.3 事实拓展

随着经济全球化的进一步发展，越来越多的中国企业逐渐从出口企业转化为对外直接投资（OFDI）企业，并以此方式抢占海外市场、参与国际化竞争。在这个过程中，出现了一个有趣的现象：不同 OFDI 企业进行海外投资的时机呈现较大差异，也展现出与出口延迟相类似的投资延迟现象。如图 4 - 2 所示，2000 ~ 2010 年，我国约有 11.9% 的 OFDI 企业选择在建立初期（3 年内）立即投资，成为国际新创企业①中的一员，而高达

① 根据 McDougall 和 Oviatt（2003）的研究，国际新创企业（International new adventures）被定义为自建立起 3 年内开始进行海外扩张的企业。

88.1%的企业则会在经过一段时间的国内准备与延迟后才逐步进行对外投资。其中，超过30%的企业会选择在建立后的4~7年内开展OFDI，这些企业虽在国内经营环境中经过了历练，但总体来说准备时间较短。与之形成对比的是，也有接近20%的企业会经过长达20年以上的国内准备，才逐渐开启OFDI的征程。从这个意义上讲，对投资延迟的拓展性研究，将更有助于对出口延迟现象的理解和把握。

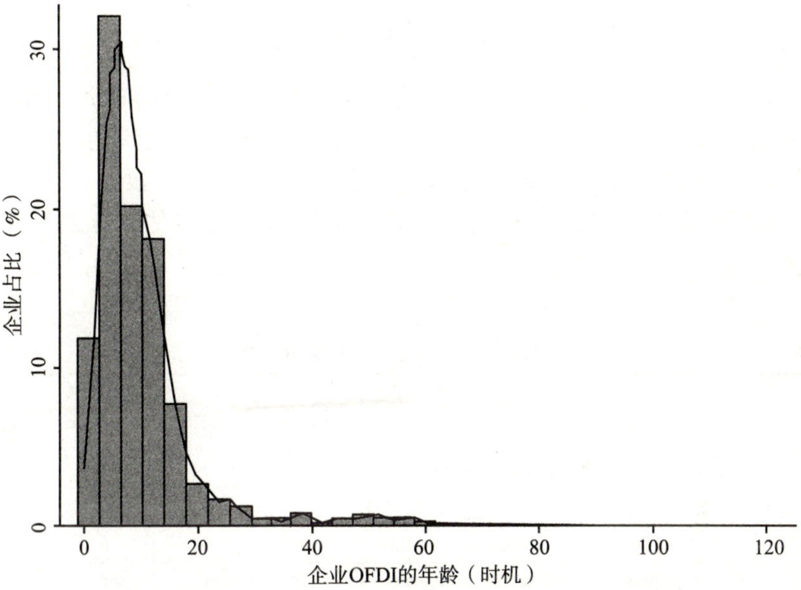

图4-2　2000~2010年中国OFDI企业投资时机分布图

资料来源：2000~2010年《中国工业企业数据库》和《境外投资企业（名录）》的合并数据。

为了描述企业投资延迟的事实，本书的OFDI企业数据均来源于2000~2010年的《中国工业企业数据库》和《境外投资企业（名录）》，前者涵盖了样本期间中国所有国有和规模以上非国有工业企业的基本信息，后者则囊括了样本期间进行OFDI的中国企业名称、投资时间、东道国等投资信息。为获得包括中国OFDI企业的投资信息与企业异质性的全面数据，本书按照企业名称的序贯识别法将两个数据库进行合并，得到2000~2010年进行OFDI的2384家企业数据，同时由于本书重点关注企业对某市场进行首次投资的时机选择，故形成企业—东道国二维观测数据3013条。

生存分析（Survival Analysis）是一种研究事件在什么时间发生的技术。相应地，本书将自中国 OFDI 企业建立到对某海外市场的投资发生的时间差定义为企业的“生存时间”，或者是企业投资的“延迟时间（T）”。

假设企业生存时间 T 的概率分布函数为：$F(t) = Prob(T \leqslant t)$，则企业的生存函数为：$S(t) = 1 - F(t) = Prob(T \geqslant t)$，表示投资企业的生存时间或者延迟时间超过 t 的概率。根据 Kaplan and Meier（1958）的乘积极限估计法，生存函数 S(t) 的严格经验估计值为：

$$\widehat{S}(t) = \prod_{j=1}^{t} \left[\frac{(n_j - d_j)}{n_j}\right] \tag{4-6}$$

其中，记 $t_1 < t_2 < \cdots < t_j < \cdots t_K$ 为样本中观测到的投资时机，则 n_j 表示在区间 $[t_{j-1}, t_j]$ 仍处于生存或延迟状态而面临投资决策的企业个数，d_j 则表示在该期间结束生存或延迟，已进行投资的企业个数。基于此，我们可以对企业投资延迟时机的决策进行非参数的分布估计，如表 4-6 所示。

表 4-6　企业投资延迟时机的非参数估计

企业类别		风险样本	风险率	个体数量	生存比率		
					25%	50%	75%
总体估计		32938	0.0915	3013	5	8	13
企业类型	国有企业	12018	0.0577	693	7	10	18
	非国有企业	20920	0.1109	2321	5	8	12
企业所在地	东部企业	26246	0.0979	2568	5	8	12
	中西部企业	6692	0.0665	445	6	10	15

说明：数据均由 Stata12.0 软件运行计算得出。

首先，OFDI 企业在执行投资前会面临着投资时机的多种可能选择，例如，虽然企业 i 最终选择在 t_j 期进行投资，但其在 $[t_1, t_{j-1}]$ 期间共面临 j-1 次进行投资的机会，所以本书的 3013 个企业—东道国观测值共形成 32938 个“风险样本”（见表 4-6），但其中仅有 3013 次发生真实投资，故企业 OFDI 的发生率仅为 9.15%。该指标能够反映企业延迟时间的总体水平，该指标越小，说明在真正投资前企业面临的投资机会越多，即企业延迟的次数越多，故从总体来看，企业的延迟时间越长。

其次，根据企业投资时机的百分位分布情况可知，在中国，仅有 1/4 的 OFDI 企业在成立后的 5 年内就开始进行对外投资；有高达 3/4 的企业是在建立 5 年后才开始对外投资。这就是说，大多数中国企业在 OFDI 过程中更倾向于选择延迟投资，旨在通过延迟获取自身生产率的提升以及投资不确定的降低。

再次，本书根据所有权属性将企业分为国有企业和非国有企业，结果见表 4 – 6。国有企业的失败发生率为 0.0577，远低于非国有企业的 0.1109，这意味着从总体来看，国有企业的延迟时间长于非国有企业。根据国有企业和非国有企业投资时机的分位数分布，可以更清晰地观察到两类企业的投资时机差别：在国有企业中，25% 的企业选择在建立后的 7 年内进行对外投资，与之形成对比的是，25% 的非国有企业选择在 5 年内进行投资。同理，75% 的国有企业会在 18 年内进行海外投资，而该数据在非国有企业中仅为 12 年，进一步验证了相较于非国有企业，国有企业更倾向于进行延迟投资的特征。

最后，不同地区企业的 OFDI 时机亦存在明显差异。根据表 4 – 6，东部企业的失败发生率大于中西部企业，这说明从总体来看，东部企业的投资延迟时间小于中西部企业。同时，根据企业投资时机的四分位分布可知，50% 的东部企业在成立后的 8 年内进行投资，而 50% 的中西部企业选择在 10 年内进行投资，说明其延迟时间略长于东部企业。

在此基础上，不同类型和地区的企业在投资延迟时间上的差距也可以通过绘制企业的 Kaplan – Meier 函数的生存曲线图得到更为直观的验证，如图 4 – 3 所示。其中，图 4 – 3（左）显示了国有企业和非国有企业的生存曲线图，从图中可以直观地看出非国有企业的生存曲线位于国有企业的下方，意味着非国有企业的延迟时间较短；图 4 – 3（右）则显示东部企业

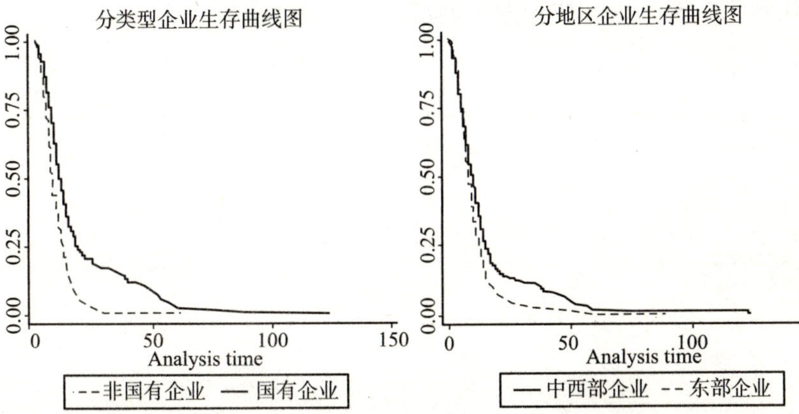

图 4 – 3　不同类型和地区企业生存曲线图

的生存曲线图位于中西部企业的下方，且较为陡峭，意味着东部企业的投资延迟时间较短，或者其倾向于尽早进行对外投资。

利用生存分析的非参数估计法，可以初步发现：在中国，尽管存在部分企业在建立初期就开始投资的情况，但大部分 OFDI 企业仍会选择为获取期权价值而选择延迟投资。与此同时，投资时机的决策与企业的所有权属性和所在地具有紧密的联系，这就要求我们在本书后文的回归分析中，要对该特征进行控制，避免其对回归结果造成影响。

4.4 本章小结

本章通过匹配《中国工业企业数据库》和《中国海关数据库》，沿着扩展边际筛选出 2001~2006 年中国出口的“新的产品—市场组合”，并分别从出口总体特征、新组合特征、产品和国家特征、企业特征等角度，全面刻画中国 2001~2006 年出口开拓者与出口延迟者在进行新组合出口时所作出的市场进入次序选择。结果显示，在本书所整理的 865241 个观测样本中，出口延迟者的观测样本为 13537 个，占比高达 79.65%，反映了出口延迟者在我国新组合出口中的重要作用。与此同时，与出口开拓者个数逐年递减的趋势不同，出口延迟者个数在样本期内大幅增加，从 2002 年的 992 家激增至 2006 年的 7911 家，这既得益于新组合数累计量的逐年增加，也得益于出口开拓者溢出效应的存在。在此基础上，考虑到越来越多的出口企业转化为对外直接投资（OFDI）企业，本章一并给出了这些企业在海外扩张、进入国际市场的过程中所展现出的投资延迟特征。

第 5 章

企业是否充当出口延迟者的实证检验

在现实经济生活中，出口企业往往具有多产品、多市场的特性，本书的样本企业亦不例外。在 16995 家出口企业中，有 8744 家企业同时参与了多种产品—市场新组合的出口。由于企业将不同产品打入不同市场的次序选择是不同的，因此，判断企业是否充当出口延迟者，必须在“新的产品—市场组合”的平台上进行，这不仅是企业市场进入次序的基本决策，也是本书实证分析的数据基础。

5.1 模型选择

为考察企业在每一种新组合出口中选择充当出口开拓者还是出口延迟者，本书采用二值 Logit 回归方程估计各变量的系数及其对企业充当出口开拓者概率的影响。

$$P(order=1 \mid x) = X_{m-p-i,t-1}\beta + Z_{m,t-1}\delta + \mu_t + \mu_z + \mu_l + \varepsilon \tag{5-1}$$

其中，$P(order=1 \mid x)$ 代表在新组合（p－m）出口中，i 企业充当出口开拓者的概率，X 代表企业（i）微观层面的解释变量，Z 代表东道国市场（m）宏观层面的解释变量，μ_t、μ_z 和 μ_l 分别为时间、行业与地区固定效应，ε 表示随机误差项。

5.2 变量描述

5.2.1 被解释变量

由于本章首先考察的是企业充当出口开拓者还是出口延迟者的次序选择，故将解释变量（$order_{p-m-i,t}$）设定为二值离散变量（1 和 0）。若企业在 t 年开始出口新组合（p－m），且该组合的最初出口也是在 t 年开始的，则该企业为出口开拓者，取值为 1，反之则取值为 0。

5.2.2 解释变量

本章试图从企业微观特征与东道国宏观环境两个层面予以考察，同时为解决变量间的内生性问题，将所有解释变量[①]的滞后一期值代入模型进行回归。

（1）企业规模（$LnTA_{p-m-i,t-1}$）：选择企业 t－1 期的资产值来反映规模，单位为千人民币。

（2）企业生产率（$TFP_{p-m-i,t-1}$）：由企业的全要素生产率来衡量，并由索洛余额法计算而得，其计算公式为：$TFP_{p-m-i,t-1} = LnY_{p-m-i,t-1} - a_k LnK_{p-m-i,t-1} - a_l LnL_{p-m-i,t-1} + u_j$，其中 Y 为企业销售收入，K 和 L 分别代表企业的资产和劳动，a_k 和 a_l 分别代表企业的资产份额和劳动份额，u_j 为企业、省份、产业等控制变量。

（3）企业经验：采用两个指标加以衡量，一是企业从建立到开始出口新组合的年限（$Time_{p-m-i,t-1}$），侧重反映企业的经营经验；二是企业出口量占总销售量的比重（$Exp_{p-m-i,t-1}$），侧重反映企业的出口经验。这两个指标值越大，说明企业的生产销售经验越丰富，对新组合出口不确定性的把控能力越强，企业越倾向于充当出口开拓者。

（4）企业信贷约束（$Crec_{p-m-i,t-1}$）：本章参照 Cleary et al. （2007）[②]

---

① 除非特别说明，所有解释变量均来自中国工业企业数据库。

② Cleary, S., P. Povel and M. Raith, 2007, "The U-shaped Investment Curve: Theory and Evidence", *Journal of Financial and Quantitative Analysis*, 42, pp. 1－40.

和 Greenaway et al. (2007)[①] 的做法，采用企业杠杆率（即流动负债与流动资产的比值）来衡量企业面临的信贷约束，且该比值越大，企业面临的信贷约束越严重。企业充当新组合出口的开拓者，不仅需要技术支撑，还需要资金支持（Besedes et al.，2014)[②]，因此信贷约束大，融资难度高，会降低企业充当出口开拓者的可能性。

（5）企业面临的竞争度（$Share_{p-m-i,t-1}$）：基于资源获取、市场规模等因素造成的拥挤效应，出口延迟者出口新组合时会存在两个疑虑：一是出口开拓者占据大部分市场份额，导致出口延迟者丧失出口机会；二是出口开拓者通过设置进入壁垒，阻止出口延迟者市场进入。因此，当企业面临的竞争程度越高时，越会基于拥挤效应而选择充当出口开拓者（Mitchell，1991)[③]。本章将企业销售额在市场中所占比重作为反映市场竞争度的指标，该比重越小，表明该产业的市场集中度越低，企业所面临的同业竞争性越强，越会倾向于充当出口开拓者。

（6）企业单位生产成本（$LnCost_{p-m-i,t-1}$）：以企业该组合的出口额与出口数量之比来衡量。企业的单位生产成本越高，在国际市场上的竞争力越弱，作为出口开拓者出口获利的可能性越小；相反，通过跟随可以降低进入成本，获取更大的溢出效应，故本章预测单位生产成本高的企业会选择充当出口延迟者。

（7）东道国经济增长率（$Growth_{m,t-1}$）：将东道国 $t-1$ 期的 GDP 增长率引入模型，反映东道国对企业出口的吸引力。数据来源于世界银行。

（8）东道国人口规模（$LnPop_{m,t-1}$）：一般而言，东道国人口规模越小，市场规模相应越小，基于拥挤效应产生的出口开拓者先发优势越大。数据来源于世界银行。

（9）东道国国家风险（$LnRisk_{m,t-1}$）：采用“国际国别风险指南”公

---

① Greenaway, D., A. Guariglia and R. Kneller, 2007, "Financial Factors and Exporting Decisions", *Journal of International Economics*, 73, pp. 377 - 395.

② Besedes, T., B. C. Kim and V. Lugovskyy, 2014, "Export Growth and Credit Constraints", *European Economic Review*, 70, pp. 1 - 44.

③ Mitchell, W., 1991, "Dual Clocks: Entry Order Influences on Incumbent and Newcomer Market Share and Survival When Specialized Assets Retain Their Value", *Strategic Management Journal*, 12 (2), pp. 85 - 100.

布的国家风险年度指标，并参考 Johnson and Tellis（2008）[①]、Gaba et al.（2002）[②] 的方法进行处理，用一个合成值代表各国的综合国家风险。该值越大，国家风险越大。数据来源于 *International Country Risk Guide*。

此外，为减弱变量的异方差性，企业规模、单位生产成本、东道国人口、国家风险变量皆以对数形式引入模型。各变量的描述性统计见表 5－1。

表 5－1　　各变量的描述性统计

变量类型	变量名称	均值	标准差	最小值	最大值
被解释变量	$order_{p-m-i,t}$	0.345	0.475	0	1
企业微观特征变量	$LnTA_{p-m-i,t-1}$	11.578	1.846	5.017	18.728
	$TFP_{p-m-i,t-1}$	1.987	0.412	0.458	3.458
	$Time_{p-m-i,t-1}$	22.788	57.246	1	105
	$Exp_{p-m-i,t-1}$	46.676	37.007	0	1815.206
	$Crec_{p-m-i,t-1}$	0.092	0.918	0.001	11.053
	$Share_{p-m-i,t-1}$	0.088	0.213	0.000	0.875
	$LnCost_{p-m-i,t-1}$	9.822	1.181	0.002	10.840
东道国宏观变量	$Growth_{m,t-1}$	4.941	4.581	－33.101	63.380
	$LnPop_{m,t-1}$	9.552	1.647	3.972	13.903
	$LnRisk_{m,t-1}$	5.227	1.233	0.693	6.238

5.3　基本回归结果与解读

本章在进行回归时，为解决数据中可能存在的异方差，对标准差的估计均采用稳健标准差（Robust standard error），全样本回归结果见表 5－2。同时，企业在出口新组合时选择充当出口开拓者还是出口延迟者，除了与企业异质性特征与东道国宏观环境相关外，还可能与所出口产品本身的特性有关。基于此，本章按照价格的可获得性将产品分为同质产品和差异产品（Rauch，1999）[③]，并进行分类回归，结果见表 5－2。

① Johnson，J. and G. J. Tellis，2008，"Drivers of Success for Market Entry into China and India"，*Journal of Marketing*，72（3），pp. 1－13.

② Gaba，V.，Y. Pan and G. Ungson，2002，"Timing of Entry in International Market：An Empirical Study of U. S. Fortune 500 Firms in China"，*Journal of International Business Studies*，33（1），pp. 39－55.

③ Rauch，J. E.，1999，"Networks Versus Markets in International Trade"，*Journal of International Economics*，48（1），pp. 7－35.

表5-2　　基本回归结果

变量名称		全样本回归		同质产品		差异产品	
		系数（α）	边际效应（dy/dx）	系数（α）	边际效应（dy/dx）	系数（α）	边际效应（dy/dx）
企业微观特征	$LnTA_{p-m-i,t-1}$	0.043 *** (3.73)	0.006 *** (3.73)	0.041 *** (1.94)	0.005 *** (1.94)	0.042 *** (3.02)	0.005 *** (3.03)
	$TFP_{p-m-i,t-1}$	2.039 *** (28.08)	0.260 *** (27.83)	1.784 *** (12.86)	0.236 *** (12.90)	2.092 *** (24.35)	0.259 *** (24.04)
	$Time_{p-m-i,t-1}$	0.000 (0.09)	0.000 (0.09)	0.000 (0.38)	0.000 (0.38)	0.000 (0.15)	0.000 (0.15)
	$Exp_{p-m-i,t-1}$	0.014 *** (31.08)	0.002 *** (32.47)	0.012 *** (13.34)	0.002 *** (13.84)	0.016 *** (28.94)	0.002 *** (30.36)
	$Crec_{p-m-i,t-1}$	-0.133 *** (-8.00)	-0.017 *** (-8.02)	-0.148 *** (-4.69)	-0.020 *** (-4.71)	-0.128 *** (-6.40)	-0.016 *** (-6.42)
	$Share_{p-m-i,t-1}$	-7.585 *** (-39.60)	-0.966 *** (-40.71)	-9.903 *** (-23.65)	-1.309 *** (-23.54)	-7.038 *** (-32.99)	-0.872 *** (34.15)
	$LnCost_{p-m-i,t-1}$	-0.143 *** (-10.37)	-0.182 *** (-10.44)	-0.177 *** (-6.78)	-0.023 *** (-6.86)	-0.127 *** (-7.78)	-0.016 *** (-7.81)
东道国宏观特征	$Growth_{m,t-1}$	0.017 *** (6.12)	0.002 *** (6.14)	0.007 (0.95)	0.001 (0.95)	0.022 *** (7.52)	0.003 *** (7.55)
	$LnPop_{m,t-1}$	-0.077 *** (-8.45)	-0.010 *** (-8.47)	-0.098 *** (-5.82)	-0.013 *** (-5.85)	-0.076 *** (-6.89)	-0.009 *** (-6.91)
	$LnRisk_{m,t-1}$	-0.055 *** (-4.61)	-0.007 *** (-4.62)	-0.012 (-0.47)	-0.002 (-0.47)	-0.081 *** (-5.93)	-0.010 *** (-5.94)
时间固定效应		YES		YES		YES	
行业固定效应		YES		YES		YES	
地区固定效应		YES		YES		YES	
Wald chi2		10947.37		2952.41		8058.82	
R^2		0.432		0.422		0.442	
Log pseudolikelihood		-14456.36		-4237.12		-10096.25	
N		56466		10577		26361	

说明：回归结果由Stata12.0完成，***、**、*分别表示参数的估计值在1%、5%、10%的统计水平上显著，括号内数值为t统计值；"YES"表示模型中加入了控制变量。

全样本回归中，除企业建立时间变量（$Time_{p-m-i,t-1}$）外，其他变量均在1%的水平上显著，表明企业的微观特征与东道国宏观变量共同对企业出口次序的选择产生了重要作用。

在企业微观层面，规模对企业市场进入次序的影响为正，即企业规模每提高1%，其充当出口开拓者的概率会提高0.006%，且在1%的水平上显著。这一结论与Gaba et al.（2002）① 的研究结果相一致，但与Wagner and Zahler（2014）② 等学者的结论相悖。究其原因，虽然大规模企业在出口中需支付产品选择成本，但大规模也意味着，该企业拥有较强的生产盈利能力和市场占有能力，且足以抵消额外的选择成本；还拥有雄厚的资金和经济实力，面对新市场不稳定性时的抵抗能力强。因此，规模越大的企业，在新组合出口中充当出口开拓者的概率更高。与此同时，企业生产率的系数亦为正，这是因为企业的新组合出口需支付较高的进入成本，只有生产率较高的企业才能克服该成本，在海外市场成功获利。从这个角度讲，高生产率企业倾向于充当出口开拓者，而低生产率企业只能作为出口延迟者，利用延迟时间，在"干中学"中提升生产率（Naude et al.，2013）③。根据表5-2的边际效应结果，生产率对企业充当出口开拓者的影响明显大于企业规模，可见生产率异质性在企业出口次序决策中发挥了更为重要的作用，与异质性企业理论的核心观点相吻合。

出口经验对企业充当出口开拓者的概率产生了显著的正向影响，这表明企业从以往出口经验中获得的溢出效应，会促使其在更多的新组合出口中充当出口开拓者。但是相比之下，经营经验的影响并不显著，可能的原因在于，国内与国外市场在需求偏好、法律法规等方面存在明显差异，企业在国内市场的经营经验并不一定会对海外扩张产生显著影响。

在以往文献中，企业信贷约束并非被普遍采用的解释变量之一，但实际上，融资难易程度会直接影响企业的进入次序选择。本章的实证结果就发现，信贷约束变量的系数显著为负，说明信贷约束大的企业充当新组合出口开拓者的可能性较小。这是因为：一方面，企业出口新组合时需要支付进入成本（Melitz，2003④；Morales et al.，2011⑤），因而需要大量资金

---

① Gaba，V.，Y. Pan and G. Ungson，2002，"Timing of Entry in International Market：An Empirical Study of U. S. Fortune 500 Firms in China"，*Journal of International Business Studies*，33（1），pp. 39-55.

② Wagner，R. and A. Zahler，2014，"New Exports from Emerging Markets：Do Followers Benefit from Pioneers?"，*Journal of Development Economics*，forthcoming，2014.

③ Naude，W.，T. Gries and N. Bilkic，2013，"Firm-level Heterogeneity and the Decision to Export：A Real Option Approach"，IZA DP，No. 7346.

④ Melitz，M.，2003，"The Impact of Trade on Intra-Industry Reallocations and Aggregate Industry Productivity"，*Econometrica*，71（6），pp. 1695-1725.

⑤ Morales，E.，G. Sheu. and A. Zahler，2011，"Gravity and Extended Gravity：Estimating a Structural Model of Export Entry"，University Library of Munich，MPRA Paper 30311.

支持，而企业融资难度越大，新组合出口所面临的资金约束越大，将严重制约企业的出口能力（Besedes et al.，2014①；于洪霞等，2011②）。特别值得一提的是，新组合出口的出口开拓者在不熟悉东道国市场的情况下，其沉没性进入成本会更高，所以信贷约束大的企业会尽量避免充当出口开拓者，而倾向于通过出口延迟降低进入成本和不确定性。另一方面，新组合的生产与出口是企业的创新活动之一，需要研发资金、技术等的支持。而已有研究表明，企业的信贷约束与其创新倾向呈反向关系（赵伟等，2012）③，即当企业面临严重信贷约束时，出口新组合的能力与动力不足，不适于充当出口开拓者。

竞争性指标的结果则显示，企业市场份额的系数显著为负，说明企业市场份额越小、所在市场竞争程度越高时，企业充当出口开拓者的概率越高，与预期结果相符。这进一步表明，企业所在市场竞争越激烈，资源利用、市场占领等方面的拥挤效应越明显，企业率先占据国外市场的紧迫感越强，越倾向于充当出口开拓者。与之相类似，企业生产成本的系数亦为负值，较低的单位产品生产成本往往代表企业在海外拥有较大的成本优势，以出口开拓者身份获利的可能性较大。

在东道国宏观层面，结果显示较高的经济增速能够有效激发企业充当出口开拓者的积极性。具体来说，东道国较高的经济增速往往伴随着消费者购买需求的提高，对企业尽早进入市场产生了正向的促进作用。与之不同的是，东道国人口规模系数为负，说明东道国的人口规模越小，其潜在的消费基础越小，则拥挤效应越大。为了避免丢失市场份额，企业会争先充当出口开拓者，尽早占据市场。与此同时，东道国国家风险越高，企业充当出口开拓者的概率就越低。究其原因，一国经济、金融与政治方面的不稳定会增大企业对该国出口的风险，甚至可能因严重经济衰退或政治动荡终止贸易合同关系。在这种情形下，出口开拓者出口新组合的不确定性过大，而作为出口延迟者的后发优势却在此时得以彰显。

产品分类回归中，所有变量符号在同质产品和差异产品中保持一致，

---

① Besedes，T.，B. C. Kim and V. Lugovskyy，2014，"Export Growth and Credit Constraints"，*European Economic Review*，70，pp. 1 – 44.

② 于洪霞、龚六堂、陈玉宇：《出口固定成本融资约束与企业出口行为》，载《经济研究》2011年第4期。

③ 赵伟、韩媛媛、赵金亮：《融资约束、出口与中国本土企业创新：机理与实证》，载《当代经济科学》2012年第6期。

但在边际值大小与显著性方面存在一定差异。其一，企业竞争性变量在两类产品中的系数与边际值差异最大。具体而言，企业的市场份额每降低1%，即企业所在市场的竞争度每提高1%，该企业在同质产品中充当出口开拓者的概率会提高1.309%，而在差异产品中此概率仅会提高0.872%。同质产品的边际值高于差异产品，表明当消费者对同质产品在需求偏好、企业营销反馈等方面非常相似时，企业出口同质产品会面临激烈的同业竞争，由此产生的拥挤效应更为显著。相反，鉴于差异产品在性能、质量、品牌方面的不同，消费者对不同产品存在不同的偏好，企业在分割的产品市场中出口会面临较小的拥挤效应。其二，与差异产品迥然不同的是，东道国经济增速和国家风险两个变量在同质产品中的作用并不明显，这是因为，归功于同质产品在价格上的可获性以及交易活动的可组织性，该类产品出口的市场不确定性远远低于差异产品（Albornoz et al.，2012）①。因此，反映市场不确定性的因素，如东道国经济增速和国家风险变量等，对出口同质产品企业的市场进入次序影响十分有限。

5.4 出口延迟次数的再审视

前文实证结果表明，企业微观特征与东道国宏观经济特征共同决定了企业在出口开拓者与出口延迟者之间的选择。但是在面对多种新组合时，企业是只充当一种新组合的出口开拓者（出口延迟者），还是选择在多种新组合中扮演出口开拓者（出口延迟者）的角色，还要取决于企业自身能力与特征。从这个意义上讲，充当出口开拓者与出口延迟者的次数决策是企业根据自身异质性特征所作出的贸易战略之一。

进一步观察样本企业会发现，在8167家出口开拓者中，多达4137家企业只选择在1种新组合出口中充当出口开拓者，而有232家企业选择在超过10种新组合出口中担任出口开拓者。与之相类似，在13537家出口延迟者中，7217家充当了1种新组合出口的出口延迟者，同时也有564家企业在10种以上新组合中担当出口延迟者（见图5－1）。可见，企业在充当出口开拓者或出口延迟者的次数上呈现出显著的差异性，因此有必要

① Albornoz，F.，F. Hector.，C. Pardo.，G. Corcos and E. Ornelas，2012，"Sequential Exporting"，*Journal of International Economics*，88（1），pp. 17－31.

以企业为落脚点，探究出口企业充当出口开拓者或出口延迟者的次数问题。

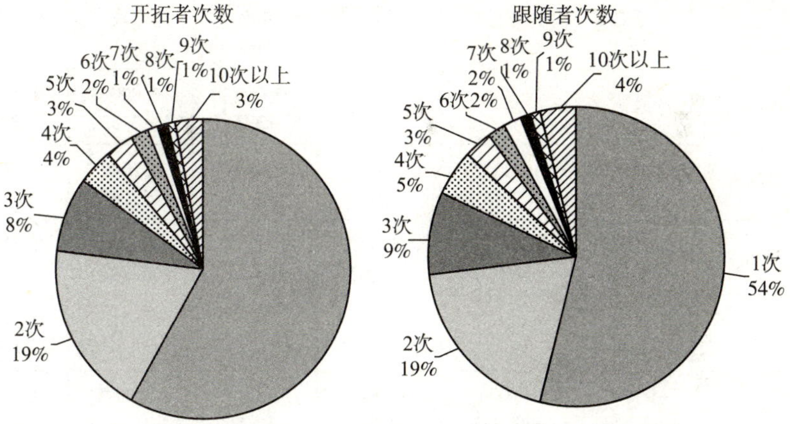

图5－1　企业充当出口开拓者或出口延迟者的次数分布图

5.4.1　影响出口开拓者与出口延迟者次数的回归结果

在影响次数的因素中，除了考虑企业自身特征外，还必须考虑出口开拓者出口新组合过程中所产生的溢出效应及其对出口延迟者进入的影响。因此，出口开拓者的出口成长情况（$Pion_i$）应被纳入出口延迟者次数的回归方程中。同时，鉴于被解释变量为计数离散变量，故采用 Poisson 模型进行主检验，采用 OLS 回归作为稳健性检验，结果如表5－3所示。对比可知，两种回归结果中，各变量的作用方向和大小基本一致，因此结果解释以 Poisson 回归为例。

在出口开拓者次数的回归结果中，企业生产率和市场竞争度这两个变量十分显著，且边际值较大（分别为0.584和7.033）。高生产率企业之所以倾向于更多次地充当出口开拓者，是因为对这类企业而言，高生产率不仅能够有效克服沉没性进入成本，而且还能够在此基础上，将开拓更多产品、更多市场作为企业重要的发展战略，而非出口中的偶然选择。对于市场份额较大的企业而言，一旦选择成为出口开拓者，那么其市场份额越大，说明企业的市场影响力越大、客户基础越牢固，故该类出口开拓者可以凭借其强大的市场影响力多次、乃至长期充当出口开拓者。

表 5-3 企业充当出口开拓者与出口延迟者次数的回归结果

变量	出口开拓者次数			出口延迟者次数		
	Poisson 回归		OLS 回归	Poisson 回归		OLS 回归
	系数 (α)	边际效应 (dy/dx)		系数 (α)	边际效应 (dy/dx)	
$Pion_i$	—	—	—	-0.000*** (-3.34)	-0.000*** (-3.32)	-0.000*** (-5.07)
$LnTA_i$	0.000*** (3.39)	0.000*** (3.36)	0.000*** (4.01)	0.096*** (7.88)	0.264*** (7.87)	0.278*** (7.89)
TFP_i	0.244*** (13.40)	0.584*** (12.07)	0.538*** (9.76)	0.155*** (8.11)	0.426*** (7.87)	0.424*** (7.99)
Exp_i	0.000*** (4.95)	0.000*** (4.88)	0.000*** (4.62)	0.303*** (8.16)	0.831*** (8.07)	0.785*** (7.69)
$Crec_i$	-0.000 (-0.65)	-0.000 (-0.65)	-0.000 (-0.68)	-0.000*** (-13.10)	-0.000*** (-12.45)	-0.000*** (-8.50)
$Share_i$	2.937*** (5.09)	7.033*** (5.01)	18.935*** (3.41)	1.557*** (2.58)	4.274*** (2.57)	13.257** (2.54)
常数项	-2.359*** (-7.22)	—	-4.599*** (-6.30)	-2.205*** (-7.28)	—	-6.096*** (-7.74)
行业固定效应	YES		YES	YES		YES
地区固定效应	YES		YES	YES		YES
R^2	0.078		0.074	0.079		0.064
N	8167		8167	13537		13537

说明：回归结果由 Stata12.0 完成，***、**、* 分别表示参数的估计值在 1%、5%、10% 的统计水平上显著，括号内数值为 t 统计值；"YES" 表示模型中加入了控制变量。

在出口延迟者次数的回归结果中，所有变量均十分显著。与基本回归结果相类似，只有大规模、高生产率、拥有丰富经验、信贷约束小和市场份额大的企业，才具备足够的跟随动力和能力，从而选择更多次地充当出口延迟者。与此同时，出口开拓者的出口成长显著为负，说明出口开拓者的出口增长率越高，在东道国的市场前景越好，占据的市场份额越大，在市场规模不变的前提下会抑制出口延迟者的进入，从而导致企业充当出口延迟者的次数减少。

5.4.2 分企业所有权属性的回归结果

本章的基本回归结果是以产品—市场—企业为基本研究单位进行的，而在考虑出口开拓者（出口延迟者）个数的时候，则是以企业为基本单位，由此有条件做到以企业所有权属性分组，以期观察更深层次的问题。事实上，对不同所有权性质的企业来说，其充当新组合出口开拓者与出口延迟者次数的偏好也的确存在差异，为此表5-4和表5-5分别列出了不同所有制企业充当出口开拓者或出口延迟者次数的计量结果。

从出口开拓者角度来看（见表5-4），企业的规模、生产率和出口经验对不同所有权企业的影响相同且均十分显著，说明不管是哪种所有权性质的出口开拓者，只要规模越大、生产率越高、出口经验越丰富，其充当出口开拓者的次数越多。与之不同的是，信贷约束在各类企业中的作用呈现明显的差异：在国有企业中，信贷约束的系数为正，但对国有企业充当出口开拓者次数的作用并不显著；而在其他所有权性质的企业（特别是私营企业）中，信贷约束的系数显著为负，说明信贷约束会严重制约私营企业充当出口开拓者的次数，这与我国的实际情形十分吻合。相关研究证明，我国存在着基于所有制性质的信贷歧视，国有企业因其特有的经济背景，面临的信贷约束较小，而私营企业面临较大的信贷约束（Park and Sehrt，2001[①]；Jarreau and Porrcet，2014[②]），所以该类企业进入出口市场时会因严苛的融资约束难以支付出口所需的固定投资（孙灵燕和李荣林，2011）[③]，进而对其充当出口开拓者的次数产生了显著的负向作用。与信贷约束机制相类似的是，市场份额对各类所有权企业亦呈现出差异性的影响：国有企业的市场份额作用为正，但不显著，说明国有企业之所以能够充当出口开拓者，较多依赖于雄厚的资金支持和经济背景，而与企业的市场份额关系不大；该变量在三资企业显著为正，说明企业可以凭借强大的市场影响力多次充当出口开拓者。与之形成鲜明对比的是，私营企业的市场份额系数显著为负，说明即使私营企业在国内拥有较好的市场基础，但

① Park，A. and K. Sehrt，2001，"Tests of Financial Intermediation and Banking Reforms in China"，*Journal of Comparative Economics*，29，pp. 608-644.

② Jarreau，J. and S. Poncet，2014，"Credit Constraints，Firm Ownership and the Structure of Exports in China"，*International Economics*，139，pp. 152-173.

③ 孙灵燕、李荣林：《融资约束限制中国企业出口参与吗?》，载《经济学（季刊）》2011年第1期。

因较弱的风险控制能力与较为严苛的资金约束，导致私营企业充当新组合出口开拓者的次数相应减少。

表 5-4　　分所有权属性的回归结果——出口开拓者

变量	国有企业		三资企业		私营企业		集体企业	
	系数（α）	边际效应（dy/dx）	系数（α）	边际效应（dy/dx）	系数（α）	边际效应（dy/dx）	系数（α）	边际效应（dy/dx）
$LnTA_i$	0.111** (2.13)	0.330	0.119*** (6.86)	0.192	0.110*** (2.86)	0.244	0.177*** (4.09)	0.492
TFP_i	0.212*** (2.69)	0.627	0.132*** (5.49)	0.322	0.084* (1.85)	0.186	0.227*** (3.15)	0.633
Exp_i	0.434* (1.65)	1.287	0.234*** (4.35)	0.573	0.448*** (4.35)	0.994	0.597*** (4.33)	1.665
$Crec_i$	0.207 (0.34)	0.061	-0.009 (-1.30)	-0.023	-0.125** (2.20)	-0.028	-0.026 (-0.45)	-0.072
$Share_i$	0.312 (0.32)	0.925	2.849*** (4.78)	6.971	-2.060 (-1.20)	-4.566	2.426*** (3.49)	6.761
常数项	-3.423*** (-4.26)	—	-2.758*** (-7.92)	—	-1.993*** (-6.67)	—	-4.265*** (-7.80)	—
行业固定效应	YES		YES		YES		YES	
地区固定效应	YES		YES		YES		YES	
R^2	0.110		0.096		0.047		0.231	
N	1028		4400		1849		890	

说明：回归结果由Stata12.0完成，***、**、*分别表示参数的估计值在1%、5%、10%的统计水平上显著，括号内数值为t统计值；“YES”表示模型中加入了控制变量。

从出口延迟者角度来看（见表5-5），在各类所有权企业中，出口开拓者出口增长率的系数皆为负数，说明出口开拓者在海外的市场前景越好，出口延迟者会基于拥挤效应的存在而减少跟随次数。这种负向作用在三资企业和私营企业中表现得尤为突出，而在国有企业和集体企业中并不明显。这同样要归因于国有企业和集体企业的经济背景，即这两类企业拥有较多的政府支持，决策程序比较烦琐，以致对拥挤效应的反应弱于三资企业和私营企业。此外，规模、出口经验、市场份额对各类所有权企业的作用为正且较为显著，说明企业的规模越大、出口经验越丰富、市场份额越多，企业的延迟次数越多，但生产率变量对国有企业、三资企业和私营企业的作用为正且较为显著，而对集体企业的作用为负。这是因为，三资企业、私营企业与国有企业在激烈的国内外市场竞争中主要依赖生产率的提高，故而生产率高的企业会进行更多次的跟随，而集体企业由于其固化的生产模式和运行机制，生产率对其出口及其延迟的作用并不显著。

表5-5　分企业所有权性质的回归结果——出口延迟者

变量	国有企业		三资企业		私营企业		集体企业	
	系数（α）	边际效应（dy/dx）	系数（α）	边际效应（dy/dx）	系数（α）	边际效应（dy/dx）	系数（α）	边际效应（dy/dx）
$Pion_i$	-0.000 (-0.74)	-0.000	-0.000*** (-4.22)	-0.000	-0.000*** (-2.76)	-0.000	-0.000 (-0.20)	-0.000
$LnTA_i$	0.057** (2.29)	0.175	0.122*** (7.18)	0.313	0.209*** (6.94)	0.579	0.149** (2.01)	0.450
TFP_i	0.230*** (5.25)	0.705	0.132*** (5.38)	0.335	0.153*** (4.07)	0.424	-0.056 (-0.38)	-0.169
Exp_i	0.526*** (7.08)	1.613	0.238*** (3.83)	0.606	0.570*** (8.40)	1.576	0.655** (2.22)	1.972
$Crec_i$	0.000*** (6.11)	0.000	-0.122 (-1.57)	-0.031	-0.003 (0.43)	-0.007	-0.122 (-1.06)	-0.367
$Share_i$	1.843** (2.17)	5.652	1.258* (1.87)	3.201	1.019 (0.45)	2.821	1.681 (0.95)	5.063
常数项	-2.266*** (-5.28)	—	-2.768*** (-15.67)	—	-3.691*** (-10.71)	—	-1.499** (-2.21)	—
行业	YES		YES		YES		YES	
地区	YES		YES		YES		YES	
R^2	0.100		0.076		0.125		0.143	
N	1043		6863		4611		1019	

说明：回归结果由Stata12.0完成，***、**、*分别表示参数的估计值在1%、5%、10%的统计水平上显著，括号内数值为t统计值；"YES"表示模型中加入了控制变量。

5.5 出口延迟者何时跟随出口开拓者

一旦企业决定在某些新组合中成为出口延迟者，那么需要考虑何时跟随出口开拓者进入市场：是在开拓者出口后立即跟随还是在开拓者出口几年后再进行跟随，即出口延迟时间的决策问题。进一步仔细观察出口延迟者的出口时间，会发现27.39%的出口延迟者样本会在开拓者出口1年后出口，分别有26.66%和23.30%的样本在开拓者出口2年和3年后进行跟随，还有6.79%的样本会在开拓者出口5年后再跟随。对此，本章以36934个产品—市场—出口延迟者观测数据为样本，利用Cox比例风险模型探究出口延迟者出口延迟时间的决定因素。在此基础上，同样考虑产品差异，分析并对比同质产品与差异产品中出口延迟者延迟时间的决定因素。

Cox（1972）[①] 建立的比例风险模型是分析解释变量（x'）对风险率（$\lambda(t_i)$）影响的一种方法，模型设定为：

$$\lambda(t_i) = \lambda_0(t_i)\exp(x_i'\beta) \tag{5-2}$$

值得注意的是：第一，本章将企业的出口延迟时间，即出口延迟者与出口开拓者的出口时间差作为模型的时间测量变量；将出口延迟者的市场进入作为“失败”识别变量，并以此生成模型的被解释变量$\lambda(t_i)$，用以表示出口延迟者在第t年市场进入的概率。第二，除了选取与全样本回归相同的解释变量外，出口开拓者在此组合上的出口增长率（$Pion_{p-m,t-1}$）亦会影响出口延迟者的延迟时间。一般来说，出口开拓者的出口增长越快，表示东道国对此产品的需求越大，会促使出口延迟者缩短延迟时间尽早进入。同时，出口开拓者的出口增速大，说明其在东道国的市场占有率提高，基于拥挤效应的存在，出口延迟者也必须尽早进入，占据剩下的市场份额。第三，Cox回归报告中的风险比（Haz. Ratio）代表“失败”发生率相对基准风险率的比例变化$\left(\frac{\lambda(t)}{\lambda_0}\right)$。该值大于1，说明随着解释变量的增大，出口延迟者的延迟时间会缩短；该值小于1，说明出口延迟者的延迟时间会随着解释变量的增加而延长。

表5-6报告了风险比例模型的回归结果，企业微观特征和东道国宏观变量系数的符号与表5-2基本一致，说明出口延迟者的规模越大、生产率越高、出口经验越丰富、面临的竞争压力越大以及生产成本越低，企业的延迟时间越短；东道国的经济增长率越高、市场规模越小以及国家风险越小，出口延迟者也会选择缩短延迟时间，尽早跟随出口开拓者进入国外市场。与此同时，出口开拓者出口增长率的系数为正，风险比$\exp(\beta)$

① Cox, D. R., 1972, “Regression Models and Life Tables”, *Journal of the Royal Statistical Society*, 34, pp. 187-220.

为1.037，说明出口开拓者对该组合的出口增长率越大，出口延迟者越倾向于缩短延迟时间。究其原因，如前文所述，一方面，出口延迟者后发优势的重要来源是出口开拓者的信息溢出效应，而出口开拓者出口量的增加恰恰向出口延迟者传递了一种积极的信息，即东道国对该产品的需求较大、产品出口可获利等，故出口延迟者在获取有利信息后会选择尽早进入市场；另一方面，出口开拓者出口增长率越大，代表其在东道国的市场占有率增速越高，而在市场规模一定的情况下，基于拥挤效应，出口延迟者必须选择尽早进入，以免丧失在东道国最后的市场份额。

表5-6　生存模型回归结果

变量		出口延迟者全样本回归		同质产品		差异产品	
		β值（t值）	Haz. Ratio	β值（t值）	Haz. Ratio	β值（t值）	Haz. Ratio
出口开拓者	$Pion_{p-m,t-1}$	0.036***（14.58）	1.037	0.035***（3.34）	1.036	0.024***（3.77）	1.024
企业微观特征	$LnTA_{p-m-i,t-1}$	0.178***（11.20）	1.018	0.318***（3.98）	1.032	0.019***（3.34）	1.019
	$TFP_{p-m-i,t-1}$	0.128***（57.58）	1.137	0.037（0.74）	1.038	0.018***（0.54）	1.019
	$Time_{p-m-i,t-1}$	0.000（1.26）	1.000	0.000（0.99）	1.000	0.000（0.86）	1.000
	$Exp_{p-m-i,t-1}$	0.031***（2.99）	1.031	0.010（0.77）	1.010	0.000（0.54）	1.000
	$Crec_{p-m-i,t-1}$	-0.000（-1.44）	1.000	-0.001*（-1.74）	0.999	-0.003（-0.36）	0.997
	$Share_{p-m-i,t-1}$	-1.170***（-9.78）	0.311	-0.346（-1.17）	0.612	-0.127（-0.42）	0.835
	$LnCost_{p-m-i,t-1}$	-0.034***（-13.67）	0.967	-0.015（-1.42）	0.985	-0.019**（-2.49）	0.981
东道国宏观特征	$Growth_{m,t-1}$	0.002**（2.55）	1.002	0.009***（2.74）	1.009	0.003（1.52）	1.003
	$LnPop_{m,t-1}$	-0.032***（-14.58）	0.969	-0.058***（-8.73）	0.944	-0.036***（-8.02）	0.964
	$LnRisk_{m,t-1}$	-0.003***（-11.79）	0.998	-0.016（-1.33）	0.985	-0.025***（-3.70）	0.976

续表

变量	出口延迟者全样本回归		同质产品		差异产品	
	β值 （t值）	Haz. Ratio	β值 （t值）	Haz. Ratio	β值 （t值）	Haz. Ratio
时间固定效应	YES		YES		YES	
行业固定效应	YES		YES		YES	
地区固定效应	YES		YES		YES	
Wald chi2	37075.06		5522.14		6610.89	
Log pseudolikelihood	-359583.56		-30364.24		-65988.22	
N	36934		8042		16013	

说明：回归结果由 Stata12.0 完成，***、**、* 分别表示参数的估计值在 1%、5%、10% 的统计水平上显著，括号内数值为 t 统计值；“YES” 表示模型中加入了控制变量。

为了进一步反映出口延迟者出口延迟时间在不同产品中的差异，本章通过比较同质产品与差异产品的 Kaplan-Merier 存活函数，发现同质产品中出口延迟者的延迟时间小于差异产品中的出口延迟者。这是因为，出口企业由于同质产品的相似性不得不面临激烈的同业竞争，而考虑拥挤效应的存在，出口延迟者会选择缩短延迟时间，尽快跟随出口开拓者，占据市场份额。在此基础上，利用生存模型分别对两类产品出口延迟时间的影响因素进行回归，结果如表 5-6 所示。一方面，所有变量的影响方向与出口延迟者全样本回归结果基本一致，说明上述分析结果具有稳健性特征。另一方面，对比两类产品中的回归结果，可以发现，在同质产品中，大多数变量的作用系数明显大于差异产品。这是因为，相较于差异产品，企业所出口的同质产品在产品性能、质量等方面具有极为相似的特点，导致企业因缺乏产品的独特性而面临更大的同业竞争，对拥挤效应的反应也更为强烈。与此同时，同样基于同质产品在价格等方面的可获性，出口同质产品所面临的不确定性远远小于差异产品（Albornoz et al.，2012）①，因此，出口延迟者基于市场不确定性而进行跟随与出口延迟的动力减小。在此情景下，各变量对出口延迟者延迟时间的实际影响作用得以扩大与彰显。

① Albornoz，F.，F. Hector.，C. Pardo.，G. Corcos and E. Ornelas，2012，“Sequential Exporting”，*Journal of International Economics*，88（1），pp. 17-31.

5.6 本章小结

本章以“新组合”出口的企业市场进入次序为研究对象，采用二值选择等多种计量模型对企业—产品—国家三维数据进行分析，依次回答和检验了三个问题：首先，在每一种提升扩展边际的新组合中，企业是充当出口开拓者还是出口延迟者的选择，是由企业微观特征和东道国宏观环境共同决定的，其中规模越大、生产率越高、生产成本越低、面临的竞争越小、信贷约束越弱的企业，越倾向于充当扩展边际提升的出口开拓者。其次，在面对多种新组合时，不同企业如何决策充当出口开拓者与出口延迟者的次数（是只充当一种新组合的出口开拓者或出口延迟者，还是选择在多种新组合中扮演出口开拓者或出口延迟者的角色），其决策是由规模、生产率、信贷约束等异质性因素所决定的，且在不同所有权性质企业中呈现出明显的差异。最后，一旦企业决定在某些新组合中成为出口延迟者，那么何时跟随出口开拓者进入市场（是在出口开拓者出口后立即跟随还是在出口开拓者出口几年后再进行跟随），还会受到出口开拓者出口成长绩效及其产品特性的影响，进一步验证了出口开拓者与出口延迟者之间的拥挤效应与溢出效应。

第 6 章

企业是否充当投资延迟者的拓展性检验

随着越来越多的出口企业转化为对外直接投资企业，它们在海外扩张、进入国际市场的过程中不仅展现了出口延迟的特征，还展现出投资延迟的特征。从这个意义上讲，对投资延迟者的分析与检验有助于更好地理解出口延迟者的行为选择。

6.1 模型设计

在生存模型中，风险率（hazard rate）被定义为当给定期间已经持续到时间 t，所研究个体在下一个较短的时间区间 Δt 内失败的概率，在本书中即表示企业开始进行投资的概率，表达式为：

$$\lambda(t)=\lim_{\Delta t\to 0}\frac{Prb(t\leqslant T\leqslant t+\Delta t \mid T\geqslant t)}{\Delta t}=\lim_{\Delta t\to 0}\frac{F(t+\Delta t)-F(t)}{\Delta t S(t)} \quad (6-1)$$

Cox（1972）建立的比例风险模型就是分析协变量（x'）对风险率（$\lambda(t_i)$）影响的一种方法，模型设定为：

$$\lambda(t_{ij})=\lambda_0(t_{ij})\exp(x'_{ij}\beta) \quad (6-2)$$

其中，x'为影响风险率的协变量，即影响企业投资时机决策的各解释变量。λ_0 为“基准”风险率，表示当 x'变量都等于 0 时“失败”发生的概率。β_i 为待估计的解释变量系数，Cox 回归利用部分似然法对其进行估计。同时，值得注意的是，生存模型的回归结果除了报告变量的系数值外，还会报告风险比（Haz. Ratio），代表“失败”发生率相对基准风险率的比例变化$\left(\frac{\lambda(t)}{\lambda_0}\right)$，若该值大于 1，说明随着解释变量的增大，“失败”

事件发生的可能性也随之增大，个体的生存时间会减少；若该值小于1，说明随着解释变量的增加，“失败”事件发生的可能性会随之减小，个体的生存时间会增加。

6.2 变量选取

6.2.1 被解释变量

本章将企业从建立到进行投资的时间差作为时间测量变量，并以此生成模型的被解释变量 $\lambda(t_{ij})$，用以表示 OFDI 企业 i 在第 t 年对市场 j 进行投资的风险率。

6.2.2 解释变量

根据第3章的理论模型，企业投资的贴现率 ρ、净利润率 δ 以及投资的不确定性 σ 都会对企业延迟时间，进而对投资时机的选择产生影响，故本书将从不同角度探寻影响以上三个参数进而影响企业投资时机决策的解释变量。同时，为解决变量之间的内生性问题，本书取所有解释变量得滞后一期值引入模型。

影响参数 ρ 的变量。本章用中国实际利率（$Interest_{t-1}$）作为衡量企业投资贴现率的指标，并根据模型预测该变量越大，企业的延迟时间越长，数据来源于世界银行。

影响参数 δ 的变量：(1) 企业规模（$LnTA_{it-1}$）：本章选择企业资产值来反映规模，单位为千元人民币。企业的规模越大，意味着企业的资金实力越强，则企业投资可获得的净利润率 δ 越大，持有延迟期权的机会成本越大，所以企业会缩短延迟时间，尽早投资。(2) 企业生产率（TFP_{it-1}）：本章采用索洛余额法计算的全要素生产率作为衡量企业的生产率指标。与企业规模变量类似，该变量与 δ 相关，并且企业的生产率越高，说明企业的海外竞争力越强，投资获得的净利润率 δ 越大，同理企业会缩短延迟时间，尽早投资。(3) 东道国经济增长率（$GDPg_{jt-1}$），代表东道国的经济发展情况，并预测东道国经济发展越快，在该国投资的净利润率 δ 越大，所以企业会缩短对该国投资的延迟时间，尽早投资。

影响参数 σ 的变量：(1) 企业出口经验 (Exp_{it-1})，采取企业出口量占销售额的比重进行衡量，该指标越大意味着企业的出口经验越多，通过经验的积累，企业对海外的不确定性和不熟悉程度越低，导致参数 σ 越小，促使企业缩短延迟时间，尽早投资。(2) 东道国投资风险 ($Risk_{jt-1}$)，采用东道国市场的直接投资风险指标进行衡量（数据来源于 PRS Group）。东道国较大的投资风险会直接增大企业在该国投资的不确定性，即参数 σ 的值，故预测该指标越大，企业会增大延迟时间，推迟投资。(3) 东道国地理距离 ($Lndis_{ij}$)，本书认为东道国与中国的地理距离越大，企业对东道国的熟识度和了解程度越小，引起企业投资不确定性 σ 的值增大，进而导致企业增大延迟时间，推迟投资（数据来源于 CEPII 数据库）。

6.2.3 控制变量

根据前文的非参数分布估计，我们可知企业的所有权类型和地理位置会对其投资时机的选择造成影响，故本书将其作为控制变量引入模型：

(1) 企业类型控制变量 (SOE_i)，如果企业为国有企业，则该变量取值为 1，否则取值为 0。

(2) 企业所在地控制变量 ($East_i$)，如果企业位于东部地区，则该变量取值为 1，否则取值为 0。

(3) 除此之外，为控制个体差异对企业投资时机选择的影响，本书在回归中加入个体固定效应，并将时间固定效应引入模型，以控制投资年份不同对回归结果造成的影响。

在此基础上，为减弱变量的异方差性，企业的规模、两国地理距离变量皆以对数形式引入模型。据此，各变量的统计性描述如表 6-1 所示。

表 6-1　变量统计性描述

参数	变量	平均值	标准差	最小值	最大值	与参数关系	与 T 关系
ρ	$Interest_{t-1}$	1.1509	2.7814	-2.2770	5.9524	+	+
δ	$LnTA_{it-1}$	11.7853	2.2198	2.0151	18.7572	+	-
	TFP_{it-1}	2.4638	0.4942	-0.0476	6.0427	+	-
	$GDPg_{jt-1}$	3.5756	4.1185	-15.2404	34.5	+	-

续表

参数	变量	平均值	标准差	最小值	最大值	与参数关系	与T关系
σ	Exp_{it-1}	0.3691	0.4421	0	11.5006	-	-
	$Risk_{jt-1}$	0.8567	0.5021	0.1355	2.6879	+	+
	$Lndis_{ij}$	8.4672	0.7642	6.6964	9.8677	+	+
控制变量	SOE_i	0.2308	0.4214	0	1	/	+
	$East_i$	0.8524	0.3547	0	1	/	-

6.3 基本回归结果解析

6.3.1 基本回归结果

在回归中，为规避变量的异方差性对结果造成的影响，本书的回归均使用稳健标准差，结果如表6-2所示。

首先，参数ρ的相关变量——中国真实利率（$Interest_{t-1}$）的系数为负，风险比exp(β）小于1，且在10%的水平上显著有效，这意味着贴现率的提高降低了企业在近期进行投资的风险率或概率，增大了企业的延迟时间，使企业倾向于推迟投资，与理论模型的预期相符。这是因为，贴现率的提升可以降低企业投资的成本现值，而在投资收益不变的情况下，企业延迟期权的价值也随之增大，所以在这种情况下，企业会继续持有期权而推迟投资。

其次，与参数δ相关的三个解释变量的结果为：

（1）企业规模（$LnTA_{it-1}$）的系数值为-0.0001，且风险比exp(β)为0.9999（<1），说明企业的规模每增加1%，则其在近期进行投资的“风险”会降低0.01%，即大规模企业倾向于进行延迟而推迟投资，这与本书的预期并不相符。可能的原因是，虽然企业规模能在一定程度上代表企业在海外的投资能力，但对大规模企业来说，其在国内占据较大的市场份额，通过投资占据海外市场或获取利润的动力严重不足，所以纵使具有高于小规模企业的盈利能力，但在对待海外投资时，大规模企业会更加谨慎，倾向增长延迟时间，推迟投资。该结果与Naude and Rossouw（2010）对中国企业出口时机的研究发现并不一致。一方面，由于企业海外投资风险大于出口风险，故在权衡收益和风险时，大规模企业对待投资的谨慎度

更高，最终导致其推迟投资、尽早出口的情形；另一方面，基于我国 OFDI 企业在所有权属性与地区分布上的显著差异，本书对此进行了控制，以获得更为准确、更符合中国现实的回归结果。

表 6-2　　　　　　　　　　**Cox 模型回归结果**

变量名称		全样本（Ⅰ）		startup≥1949（Ⅱ）		startup≥1978（Ⅲ）		startup≥1992（Ⅳ）	
		β	Haz. Ratio	β	Haz. Ratio	β	Haz. Ratio	β	Haz. Ratio
ρ	$Interest_{t-1}$	-0.1683 * (-1.72)	0.8451	-0.1823 * (-1.94)	0.8334	-0.0350 (-0.36)	0.9656	-0.0504 (-1.01)	0.9495
δ	$LnTA_{it-1}$	-0.0001 *** (-4.24)	0.9999	-0.0001 *** (-3.73)	0.9999	-0.0001 *** (-3.14)	0.9999	-0.0000 ** (-2.34)	0.9999
	TFP_{it-1}	0.3663 *** (8.90)	1.4424	0.3470 *** (8.48)	1.4148	0.2734 *** (5.39)	1.3145	0.2705 *** (5.24)	1.3106
	$GDPg_{jt-1}$	0.0079 * (1.87)	1.0079	0.0081 * (1.86)	1.0082	0.0051 * (1.96)	1.0051	0.0081 * (1.78)	1.0081
σ	Exp_{it-1}	0.0001 *** (3.61)	1.0001	0.0001 *** (3.84)	1.0001	0.0001 *** (2.71)	1.0001	0.0001 * (1.82)	1.0001
	$Risk_{jt-1}$	-0.6404 *** (-11.97)	0.5271	-0.5981 *** (-10.82)	0.5499	-0.4015 *** (-6.93)	0.6693	-0.3978 *** (-6.71)	0.6718
	$Lndis_{ij}$	-0.2100 *** (-3.07)	0.8106	-0.1922 *** (-2.80)	0.8252	-0.0831 (-1.01)	0.9203	-0.1062 (-1.47)	0.8992
控制变量	SOE_i	-0.5756 *** (-12.48)	0.5624	-0.5447 *** (-11.76)	0.5800	-0.2679 *** (-5.90)	0.7650	-0.2089 *** (-4.55)	0.8115
	$East_i$	0.2192 *** (3.98)	1.2451	0.2204 *** (3.97)	1.2466	0.0882 (1.53)	1.0922	0.0069 (0.12)	1.0069
时间固定效应		YES		YES		YES		YES	
个体固定效应		YES		YES		YES		YES	
Wald		3995.50		3948.17		3793.63		4788.38	
Time at risk		32924		31205		26047		20767	
N		3013		2993		2880		2626	

说明：***、**、* 分别表示参数的估计值在 1%、5%、10% 的统计水平上显著；括号内数值为 t 统计值；“YES”表示回归加入了控制变量。

（2）企业生产率（TFP_{it-1}）系数显著为正，并且风险比为 1.4424，意味着当生产率提高 1%，企业在近期进行投资的可能性会提高 44.24%。

这是因为，生产率是企业海外竞争力的重要来源，生产率越高，企业在海外投资的收益率越高，即 δ 越高，这使企业持有期权的机会成本大大增加，为此，企业会执行期权而进行投资，导致延迟时间的缩短。

（3）与企业生产率变量相似，东道国经济增长率（GDP_{jt-1}）的系数亦显著正，说明较高的经济增长率会促使企业执行期权，缩短延迟时间，尽早投资。究其原因，一国较快的经济增长率不仅说明该国日益增大的市场需求，也代表了该国良好的经济发展态势，所以，在这种发展较好的经济环境下，企业在该国的投资也会获得较高的收益，即较高的 δ，据此企业会缩短延迟时间，尽早投资。

再次，与参数 σ 相关的三个解释变量的结果为：（1）企业出口经验变量（Exp_{it-1}）的系数在 1% 的水平上显著为正，且企业的经验每增加 1%，会使企业近期投资的概率提高 0.01%，也就是说，出口经验的增加会促使企业缩短延迟时间，尽早进行投资。这是因为，企业出口经验越多，意味着其对海外市场的需求等情况越为了解，在此情况下，其投资所面临的不确定性（σ）也会随之减小，此时，企业通过持有期权降低投资不确定性的收益在降低，即期权价值减小，所以企业会放弃期权价值，转而进行投资来获取投资的利润收入。（2）较大的东道国的投资风险（$Risk_{jt-1}$）会显著降低企业在近期进行投资的概率，而且这种降低作用（47.29%）远高于其他变量的影响，这意味着东道国投资风险对企业投资时机的选择具有至关重要的作用，东道国投资风险越大，企业通过延迟降低风险的必要性越显著，其持有的延迟期权的价值也就越大，此时企业会倾向于推迟投资而持观望状态。（3）较远的地理距离（$Lndis_{ij}$）亦会降低企业当期进行投资的概率，这归因于较远的地理距离不仅减少了两国之间的经济联系也增大了两国之间的文化距离，这皆会增大企业投资该国的不确定性和风险，所以企业为降低这种不确定性而倾向于增大延迟时间，推迟投资。值得注意的是，本书未出现 Fisch（2008）所发现的不确定性与企业投资时机之间的“U”型关系，这意味着相较于德国，海外不确定性对中国企业投资的抑制作用更加显著，这可能源于中国企业较弱的风险控制能力，使其对海外风险的规避意识更加强烈。

最后，从控制变量来看，一方面，国有企业控制变量（SOE_i）的系数显著为负，这意味着国有企业近期投资的概率明显小于非国有企业，换言之，国有企业倾向于长期持有延迟期权，推迟投资。这固然与我国开放时间较短、但部分国有企业建立时间较长的客观原因密切相关，但更主要的是，在我国，国有企业长期享有较多的优惠政策，在国内占据较大的市场份额，故并不急于通过海外投资获取利润。同时，由于长期受到政策庇护，国有企业在海外竞争力并不占优的情况下，虽能基于资金、政策等的有利条件进行投资，但其在海外的盈利情况令人担忧。同时近年来，国有企业在海外的连续亏损，也使其对海外投资决策更加审慎，进而导致增大延迟时间，以降低投资的风险。另一方面，系数为正的东部企业控制变量（$East_i$）意味着相较于中西部企业，东部企业在近期投资的概率较高。这源于东部地区较为优越的地理位置和开放的政策环境，使东部企业在与海外市场的长期来往中积累了一定的经验，降低了海外投资的风险和不确定性，所以该类企业持有延迟期权的收益较小，从而促使其缩短延迟时间，尽早投资获得投资收益。

为了控制部分企业，特别是国有企业建立时间较早对回归结果造成的影响，本章在全样本回归的基础上依次剔除建立时间早于 1949 年、1979 年以及 1992 年的企业样本进行再次检验，回归结果亦如表 6 - 2 所示。根据表 6 - 2，回归（Ⅱ）只保留了在新中国成立后成立的 2993 家企业样本，各变量在系数符号和显著性水平上与全样本回归结果基本一致。而回归（Ⅲ）和回归（Ⅳ）则分别保留了在 1978 年改革开放和 1992 年南方讲话后成立的企业样本，依次为 2880 家和 2626 家企业，各变量的系数符号与全样本回归结果一致，但变量显著性方面却出现了细微的差别，具体来说：其一，真实利率水平变量（$Interest_{t-1}$）不再显著。对此的解释为，改革开放前中国经济的不稳定导致利率水平出现较大波动，但自改革开放以来，随着经济的稳步发展，市场利率水平也处于较为稳定的态势，所以，对于改革开放后特别在 1992 年后建立的企业来说，其经历的利率波动远小于在此前建立的企业，所以该类企业对利率波动的敏感度较弱，以致其对企业投资时机的影响不再明显。其二，两国地理距离变量（$Lndis_{ij}$）不再显著，这可能是因为随着交通以及信息全球化的发展，地理距离对于近 30 年建立的中国企业来说并不是一种大的障碍。此外信息技术的发展也使企业对远距离国家的情况有了更多的了解，所以距离变量不再是影响企业投资风险的重要原因，进而其对企业投资时机的影响也不再彰显。其三，东部地区控制变量（$East_i$）不再显著，这是因为，虽然东西部地区差异在中国已是不争的事实，但近年来，随着国家促进中西部经济发展政策的制定和实施，东部和中西部企业在对外投资中的优势差距有所减小，此外，资源和信息等的共享性也使中西部企业对海外市场有了新的认识，减少了投资的不确定，故在此，东部地区控制变量的作用亦不再显著。

值得一提的是，国有企业控制变量的结果发生了较大的变化。一方面，从作用大小来看，从回归（Ⅰ）到回归（Ⅳ），国有企业对企业近期投资概率的边际影响依次减弱，这意味着，删除较早建立的企业样本会削弱国有企业的作用，即国有企业对投资时机的推迟作用确实与部分国有企业建立时间较早有很大的关系；但另一方面，国有企业控制变量依然显著，这说明除去企业建立时间这一客观影响后，国有企业仍会对企业投资时机产生显著的影响，而这部分影响则主要来源于国有企业有别于其他企业的独特特征，如雄厚的国内市场影响力抑制了其进行海外投资的积极性，从而导致国有企业较长的投资延迟时间。

6.3.2 稳健性检验

前文利用 Cox 半参数生存模型对中国 OFDI 企业投资时机的影响因素进行检验，为保证回归结果的稳健性，本章将采用参数分析法中的指数回归与 Weibull 回归对以上结果进行稳健性检验，结果如表 6－3 所示。

表 6－3　稳健性检验

变量名称		指数回归		Weibull 回归	
		β	Haz. Ratio	β	Haz. Ratio
ρ	$Interest_{t-1}$	－0.1711** （－2.03）	0.8427	－0.2849** （－2.15）	0.7521
δ	$LnTA_{it-1}$	－0.0001*** （－4.03）	0.9999	－0.0001*** （－4.47）	0.9999
	TFP_{it-1}	0.2763*** （10.07	1.3183	0.4110*** （9.09）	1.5083
	$GDPg_{jt-1}$	0.0064** （2.13）	1.0064	0.0098** （1.96）	1.0099
σ	Exp_{it-1}	0.0001*** （4.04）	1.0001	0.0002*** （4.74）	1.0002
	$Risk_{jt-1}$	－0.2257*** （－8.41）	0.7979	－0.3892*** （－8.95）	0.6776
	$Lndis_{ij}$	－0.0132 （－0.83）	0.9869	－0.0215 （－0.80）	0.9787

续表

变量名称		指数回归		Weibull 回归	
		β	Haz. Ratio	β	Haz. Ratio
控制变量	SOE_i	-0.4604*** (-13.67)	0.6310	-0.8131*** (-13.73)	0.4435
	$East_i$	0.1618*** (4.13)	1.1756	0.2730*** (4.22)	1.3139
时间固定效应		YES		YES	
个体固定效应		YES		YES	
Wald		666.12		675.97	
Time at risk		32356		32356	
N		3013		3013	

说明：***、**、*分别表示参数的估计值在1%、5%、10%的统计水平上显著；括号内数值为t统计值；"YES"表示回归加入了控制变量。

表6-3分别列示了当基准风险 λ_0 服从指数分布和Weibull分布时的回归结果，根据表6-3的结果可知：中国真实利率的提高会减小OFDI企业立即投资的概率，推迟企业的投资时机；企业的规模越小、生产率越高以及东道国经济增长率越高，均会提高企业投资的收益水平，促使企业缩短延迟时间，尽早投资；此外，企业的出口经验越丰富、东道国的投资风险越小，两国距离越近，越会降低企业投资的不确定，促使企业尽早投资，以上结论与基本回归结果保持一致，意味着上述回归结果具有稳健性特征。

6.4 基于所有权属性与地区分布的分组检验

前文的非参数分布估计与全样本回归结果均说明了企业的所有权异质性与地区异质性会对其投资时机的选择产生显著影响，但是，在各类企业中，各变量对其投资时机的影响情况是否产生差异，尚不得而知。因此，本章在此以企业所有权属性以及所在地区为标准进行分组检验，以进一步剖析不同类型以及不同地区企业投资时机的决定因素，结果如表6-4所示。

表6-4　　　　基于企业类型和地区的分组检验

解释变量		分企业类型检验				分地区检验			
		国有企业		非国有企业		东部企业		中西部企业	
		β	Haz. Ratio	β	Haz. Ratio	β	Haz. Ratio	β	Haz. Ratio
ρ	$Interest_{t-1}$	-0.1087*** (-2.95)	0.8970	-0.2389** (-2.61)	0.7875	-0.1779* (-1.88)	0.8370	-0.2763 (-0.25)	0.9727
δ	$LnTA_{it-1}$	-0.0004*** (-4.69)	0.9996	-0.0001** (-2.03)	0.9999	-0.0001*** (-3.77)	0.9999	-0.0001* (-1.82)	0.9999
	TFP_{it-1}	0.3924*** (5.47)	1.4805	0.3980*** (6.76)	1.4888	0.3454*** (7.26)	1.4125	0.5275*** (4.67)	1.6947
	$GDPg_{jt-1}$	0.0099 (1.00)	1.0100	0.0054 (1.10)	1.0054	0.0108** (2.43)	1.0011	-0.0076 (-0.56)	0.9924
σ	Exp_{it-1}	0.0001 (1.41)	1.0001	0.0001*** (3.41)	1.0001	0.0002*** (4.33)	1.0002	0.0000*** (3.37)	1.0000
	$Risk_{jt-1}$	-1.0755*** (-11.15)	0.3411	-0.4528*** (-7.12)	0.6359	-0.5370*** (-8.92)	0.5845	-1.1383*** (-8.91)	0.3204
	$Lndis_{ij}$	-0.1777*** (-5.81)	0.8372	-0.1733*** (-2.17)	0.8408	-0.2089*** (-2.62)	0.8114	-0.2948* (1.71)	0.7447
控制变量	SOE_i	—	—	—	—	-0.5499*** (-10.86)	0.5770	-0.7479*** (-5.54)	0.4734
	$East_i$	0.3245*** (2.91)	1.3833	0.1255* (1.87)	1.1337	—	—	—	—
时间固定效应		YES		YES		YES		YES	
个体固定效应		YES		YES		YES		YES	
Wald		1388.37		3973.56		3586.20		940.42	
Time at risk		12018		20906		26232		6692	
N		693		2320		2568		445	

说明：***、**、*分别表示参数的估计值在1%、5%、10%的统计水平上显著；括号内数值为t统计值；“YES”表示回归加入了控制变量。

一方面，从企业类型的分组检验来看，虽然各变量的系数符号在国有企业以及非国有企业中保持一致，但在显著性水平以及系数大小上，部分变量呈现些许差异。例如，在非国有企业中，出口经验变量（Exp_{it-1}）显著有效，这意味着出口经验的积累会促使国有企业以外的其他类型企业缩短延迟时间，较早地进行海外投资，但在国有企业中，该变量的促进作用并没有得到彰显，对此的解释为：出口经验之所以能够促使企业较早地投资，是因为其能减少企业投资的风险和不确定性。但对于国有企业来说，其独特的经济背景使其在国内享有较多的政策优势和保护，具有较为完善的信息获取渠道，因此对海外信息的掌握也较为全面，所以国有企业通过出口经验降低风险的必要性较小，但与此迥然不同的是，非国有企业由于信息网络的不健全，更多的会通过自身经验的积累降低投资中的风险和不确定性，故出口经验变量在非国有企业中显著有效；此外，值得注意的是，东道国投资风险对国有企业投资的抑制作用远大于对非国有企业的作用，具体来说，东道国投资风险每增加1%，国有企业在近期进行投资的概率将减少65.89%，而非国有企业投资的概率仅减少36.41%。这同样归因于国有企业在国内的特殊地位，长时间的政策保护不仅导致其忧患意识不足的现状，也使其在国内拥有较大的市场份额以及市场影响力，所以国有企业通过海外投资获取利润的动机较弱，在这种情况下，东道国投资风险的些许增加都会较显著的抑制国有企业投资的概率，而非国有企业迫于国内经营的生存压力会积极进行海外投资，从而使海外投资风险的抑制作用相对减小。

另一方面，从企业所在地区的分组检验来看，部分变量对不同地区企业投资时机的影响方向和显著性水平发生改变。其一，真实利率水平（$Interest_{t-1}$）对中西部企业投资时机的影响不再显著，这是因为，基于东部地区较快的经济发展速度，便利的交通等有利条件，投资企业多分布在东部地区，造成该地区企业面临着更为激烈的市场竞争，市场化程度也较高，从而东部企业对利率水平等市场条件的敏感度高于中西部企业，进一步使该变量对其投资时机的影响作用得以显现，而中西部企业由于较弱的市场敏感度使市场利率的作用渠道受到了堵塞，进而也抑制了该变量影响作用的发挥；其二，对东部企业来说，东道国经济增长率（GDP_{jt-1}）的系数显著为正，意味着东道国较快的经济增长率能有效刺激东部企业缩短延迟时间，较早进行投资，这与全样本结果一致。但对中西部地区企业来说，该变量的系数为负，可能的原因在于，很多中西部地区企业，特别是西部地区企业会基于降低劳动力成本的目的而投资于一些经济较为落后的发展中国家，如印度、越南等，这些国家的经济增长率越高，意味着其劳动成本增加得越快，从而抑制了中西部企业对其进行投资的动力，促使企业进行投资延迟。

6.5　本章小结

本章首次以中国OFDI企业投资时机为研究对象，利用生存分析的非参数分布估计和半参数Cox模型依次探究影响我国OFDI企业延迟投资的影响因素，结果发现：第一，较高的国内真实利率会增大OFDI企业的延迟时间，促使其延迟投资；第二，较高的企业生产率以及东道国经济增长率会提高企业海外投资的收益率，增大中国OFDI企业延迟投资的机会成本，促进企业缩短延迟时间，尽早投资，但大规模企业却由于海外投资动机的不足而倾向于增大延迟时间，推迟投资；第三，企业较多的出口经验、较小的东道国投资风险以及两国较近的距离均会减小企业海外投资的不确定性和风险，从而减小企业延迟期权的价值，促使企业缩短延迟时间，尽早投资。同时，本书依次去除1949年、1978年以及1992年前建立的企业样本进行检验，发现随着企业建立时间的临近，利率水平、地理距离以及地理位置对OFDI企业投资时机的影响作用不再显著。第四，本书利用参数分析方法中的指数分布与Weibul分布分别进行检验，验证了以上结果的稳健性。第五，对不同所有权属性以及不同地区投资企业的分布估计表明，国有企业的投资延迟时间长于非国有企业，同时中西部企业的延迟时间亦长于东部企业。除此之外，基于企业所有权属性以及所在地区的分组检验，发现不同所有权属性以及不同地区企业投资时机的决定因素亦存在一定的差异。

第 7 章

出口延迟者获取短期溢出效应的实证检验

如果说第 5 章的基本检验结果均是将出口开拓者对出口延迟者溢出效应的存在作为既定事实，而在现实经济生活中，出口延迟者是否真的受益于出口开拓者尚待进一步的检验。Wagner and Zahler（2014）① 首次对这一问题进行考察，他们利用智利的企业数据发现，在新产品出口中，开拓者的成功出口将会使延迟者进入的概率提高 40 个百分点。同时，在相同产品的出口中，开拓者的出口量少于延迟者，验证了出口延迟者受益于出口开拓者的假设。

反观国内研究，中国出口贸易中延迟者是否同样受益于开拓者，这一问题尚无答案。同时，对这一问题的回答与探索不仅对我国微观出口企业自身的发展至关重要，更能为我国在“经济新常态”下保持出口贸易的稳定增长提供新的政策视角。据此，本书拟以中国出口企业为对象对“延迟者受益于开拓者”的假设进行验证，但与 Wagner and Zahler（2014）的研究不同，本章将在产品—市场的维度下定义出口开拓者与出口延迟者。这是因为，鉴于不同市场在需求结构、法律法规等方面的差异性，出口开拓者对出口延迟者的溢出效应是市场特定的②，这就要求我们对溢出效应的考察必须将市场进行固定。在此基础上，本章以出口企业市场进入的初期阶段为考察对象，所以只重点考虑出口开拓者对出口延迟者的短期信息溢出，暂时忽略开拓者在生产率、技术等方面的长期溢出。

---

① Wagner，R.，Zahler，A.，2015，“New Exporters from Emerging Markets：Do Followers Benefit from Pioneers?” *Journal of Development Economics*，114，pp. 203 – 223.

② Nguyen，D. X.，2012，Demand Uncertainty：Exporting Delays and Exporting Failures，*Journal of International Economics*，86（2），pp. 336 – 344.

同时，本章拟从两个角度对“出口延迟者受益于出口开拓者”的假设进行验证：一是成功的出口开拓者是否拥有更多的出口延迟者？在每一种新的产品市场组合中，出口开拓者的存活情况会给潜在的出口延迟者传递一种信息，如果开拓者进行新组合出口的年份较多，意味着该组合在海外市场有利可图，这会促使潜在出口者进行跟随，获取出口收益，进而导致出口延迟者数量增加。反之，如果开拓者仅出口一年即放弃出口，对于潜在出口者来说，这意味着该组合在海外的获利情况令人担忧，从而抑制潜在出口者进行跟随，减少出口延迟者的数量。二是在出口第一年，出口开拓者是否比出口延迟者拥有更多的出口量？一方面，开拓者作为新组合出口的“领头羊”，在出口时面临着海外市场需求等诸多的不确定性（Eaton et al.，2008①），这时为控制风险与不确定性，开拓者会在第一年进行少量的出口以试探其在海外的获利性，一旦开拓者观测到进入新市场无利可图，则会迅速退出该市场，而这也是为什么刚进入海外市场的新企业在最初几年总是伴随着高退出率的原因。但是，如果开拓者观测到该产品巨大的市场前景，则会迅速增加出口量，实现深度边际的快速增长。另一方面，作为出口延迟者，受益于开拓者的溢出效应，其在观察到该产品有利可图的情况下才开始出口，进而在很大程度上消除了对该产品在海外市场获利性的忧虑，因此我们预测在开始出口时，出口延迟者的出口量会显著高于出口开拓者。

基于此，本章的研究思路是：在数据整理和筛选的基础上，对出口延迟者个数与出口开拓者生存年限的关系、出口开拓者与出口延迟者出口量之间的比较进行初步的事实描述；在此基础上，利用更为科学、精准的计量模型分别对出口延迟者个数与出口开拓者生存年限的关系、出口开拓者与出口延迟者之间出口量的关系进行实证检验。

7.1 延迟者个数与开拓者出口次数关系的统计性分析

本章继续沿用2000～2006年《中国工业企业数据库》与《中国海关

① Eaton, J., Marcela, E., Kuglery, M., Tybout, J. Export Dynamics in Colombia: Transactions Level Evidence, Borradores de Economia, Banco de la Republica de Colombia 522, Banco de la Republica de Colombia, 2008.

数据库》的匹配数据，结果发现：在17685种新产品组合中，出口延迟者平均个数与该组合开拓者生存年限之间的关系如图7－1所示。根据图7－1可以看出，随着开拓者生存年限的增加，出口延迟者的平均个数也在不断增加。具体来说，当新组合的开拓者在出口市场中只生存1年时，出口延迟者的平均个数仅为3.75个；当开拓者生存年限延长至2年、3年和4年时，出口延迟者的平均个数也依次增加为4.28个、5.00个和5.60个；当开拓者连续8年进行某新组合出口时，出口延迟者的平均个数达到6.68个。这初步反映了出口延迟者个数与开拓者生存年限之间的正相关关系，即验证了出口延迟者受益于出口开拓者溢出效应的假设。

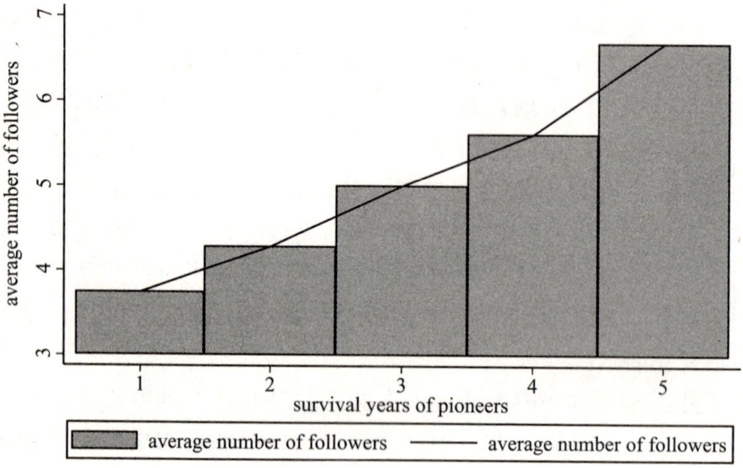

图7－1　开拓者生存年限与出口延迟者个数

说明：由stata12.0软件得出。

表7－1进一步给出了出口延迟者个数与开拓者生存年限之间更为详细的统计性分析数据。一方面，与图7－1相一致，本章按照开拓者的不同生存年限（1～5年）将新组合分为5种类型，在每种类型中，出口延迟者个数少于5的新组合占比最多，而随着出口延迟者个数的增加，其占比依次减少。但是另一方面，虽然出口延迟者个数少于5的组合占比最高，但是纵向观察会发现，该比重在开拓者不同生存年限下却呈现另一种规律，即随着开拓者生存年限的延长，出口延迟者个数少于5个的新组合比重有明显的下降趋势，而出口延迟者多于20个的新组合数则呈现上升趋势。例如，当开拓者生存年限为1时，出口延迟者个数少于5的新组合

数有 7513 个，占该类新组合总数的比重为 78.45%，而多于 20 个出口延迟者的新组合有 232 个，占比仅为 2.42%；但是当开拓者生存年限为 5 时，出口延迟者个数少于 5 的新组合占比仅为 63.92%，多于 20 个的新组合占比达到 6.35%，可见出口延迟者个数随着开拓者生存年限的延长而不断增加。

前文通过统计性分析初步得到出口延迟者个数随开拓者生存年限延长而增加的结论。但值得注意的是，以上的统计性分析忽略了新组合出口时间对出口延迟者个数的影响。一般来说，新组合出口时间越早，其出口延迟者个数较多的可能性就越大，故在统计性分析的基础上，我们还有必要采取更为严谨的实证分析法对以上结论进行进一步验证。

表 7－1　　开拓者生存年限与出口延迟者个数的区间分布

			≤5	6～10	11～15	16～20	20 以上	合计
开拓者出口年限	1	个数	7513	1249	403	180	232	9577
		占比	78.45%	13.04%	4.21%	1.88%	2.42%	100%
	2	个数	2348	547	174	92	91	3252
		占比	72.20%	16.82%	5.35%	2.83%	2.80%	100%
	3	个数	1129	327	131	49	74	1710
		占比	66.02%	19.12%	7.66%	2.87%	4.33%	100%
	4	个数	700	214	85	37	56	1092
		占比	64.10%	19.60%	7.78%	3.39%	5.13%	100%
	5	个数	473	140	46	34	47	740
		占比	63.92%	18.92%	6.22%	4.59%	6.35%	100%
合计		个数	12917	2768	963	440	597	17685
		占比	73.04%	15.65%	5.45%	2.49%	3.38%	100%

说明：数据由作者整理。

7.2　开拓者与延迟者出口量方面的比较性分析

表 7－2 列出了样本中开拓者和延迟者在出口总量、出口数量和出口价格[①]方面的差异性表现。从总体样本可以看出，延迟者的最初出口量

① 出口总量、出口数量和出口价格皆以对数值表示。

(9.271）明显高于开拓者（8.697)，这意味着延迟者在得知该产品在海外市场中的获利情况后，对出口的不确定性降低，从而导致其出口量的增加，初步验证了出口开拓者对出口延迟者存在信息溢出作用。但进一步观察出口数量与出口价格的情况可以发现，出口量的重要差异主要体现在开拓者与延迟者的出口数量方面，而出口价格的差异并不显著，这进一步说明了延迟者比开拓者具有更高的出口量，主要是得益于开拓者的信息溢出，而不是延迟者的价格优势（Wagner and Zahler，2015①)。

表 7－2　　开拓者与延迟者出口方面的差异

		出口总量		出口数量		出口价格	
		开拓者	延迟者	开拓者	延迟者	开拓者	延迟者
总体样本		11.484	12.138	11.425	11.691	0.447	0.513
产品种类	初级产品	11.038	11.657	11.215	11.165	0.561	0.761
	农产品	10.072	11.126	9.817	10.980	0.498	1.000
	制成品	11.664	12.115	11.584	11.782	0.335	0.571

说明：数据通过作者整理而得。

在此基础上，本章参照 Leamer（1984)②，按照商品的要素含量，把出口产品分为共三大类：初级产品（石油和原材料)、农产品（林产品、热带农产品、动物和谷类）和制成品（劳动密集型产品、资本密集型产品、机械和化工)，并比较了三种产品种类下开拓者与延迟者在出口量方面的差异（见表 7－2)。我们可以清晰地看出，不管在哪一类产品中，延迟者的出口量明显高于开拓者，其价格也明显高于开拓者，这可能是由于两者出口的产品质量存在差异，延迟者的产品质量在开拓者产品的基础上加以改进，从而获取更高的价格，也可能由于延迟者出口时间晚于开拓者，所以物价水平提高等方面的作用使延迟者的出口价格较高，这就要求我们在下面的实证分析中对出口时间进行控制，避免其对回归结果造成的影响。

---

① Wagner, R., Zahler, A., 2015, "New Exporters from Emerging Markets: Do Followers Benefit from Pioneers?", *Journal of Development Economics*, 114, pp. 203－223.

② Leamer, E. E., 1984, "Sources of International Comparative Advantage: Theory and Evidence", Cambridge, MA: MIT press.

7.3　成功的开拓者是否会有更多的延迟者

在典型化事实描述中，我们初步得到出口延迟者个数随着开拓者生存年限增加而增加的结论，但如前文所述，这种差异有可能是由于开拓者出口时间的不同而引起的，所以，本章在此利用计量分析进行更为严谨的验证，以期获得更准确的结论。

7.3.1　模型设定和变量选取

为了检验成功的出口开拓者是否会有更多的出口延迟者，设定被解释变量为"每种新组合中出口延迟者的个数"。由于该变量为非负整数，故本书采用计数模型中的负二项回归作为主检验，以泊松回归和OLS回归模型作为对比检验，具体形式如下：

$$P(Fnumb_{pm} = y_{pm}) = \beta_0 + \beta_1 Piosur_{pm} + \beta_2 Control_{pm} + \xi + \varepsilon_{pmt} \quad (7-1)$$

其中，下标p、m和t分别表示产品、市场和时间。

被解释变量$Fnumb_{pm}$为进行新组合（p-m）出口的延迟者个数；解释变量$Piosur_{pm}$代表进行新组合（p-m）出口开拓者的出口年限，值得注意的是，如果某种新组合具有出口年限不同的多个开拓者，则取出口年限较大的值引入模型。

控制变量$Control_{pm}$包含能够影响出口延迟者个数的其他变量①，具体包括：（1）东道国经济增长率（$Growth_m$），该值越大，说明东道国经济发展情况越为乐观，企业对该国出口的收益越大，则会促使更多的潜在出口企业跟随进入；（2）东道国人口规模（$LnPop_m$）衡量了该国的市场潜力，人口规模越大，意味着产品的潜在消费者越多，较大的市场规模会促使潜在出口延迟者的进入；（3）东道国经济风险（$Erisk_m$），尽管开拓者的信息溢出能够在一定程度上降低出口延迟者出口的不确定性，但不容否认的是，这种由经济风险带来的不确定性不可能依靠开拓者的信息溢出而完全消失，所以本书预测：该值越小，东道国经济风险越大，新组合出口延迟者个数越低，数据来源于ICRG；（4）东道国关税水平（$Tariff_m$）和进入

① 除非特殊说明，东道国宏观数据均来源于WDI数据库。

成本（$Lnentry_m$）越高，企业在该国的出口收益越小，则企业出口获利的可能性越小，所以在其他条件相同的情况下，企业不倾向于对高关税和高进入成本的国家进行出口，进而降低了出口延迟者个数。①

ξ 表示回归中加入的固定效应，可以写成 $\xi = v_t + v_p + v_m$。其中，v_t 表示时间固定效应。每种新组合出口的延迟者个数除了与开拓者相关外，与开始出口该组合的年份密切相关，所以有必要对组合出口的年份进行控制，剔除该因素对回归结果造成的影响；v_p 表示产品固定效应。不同种类的产品由于其特有的性质而决定其出口延迟者个数具有较大差距，例如与制成品相比，生产石油产品的企业多为垄断性企业，企业个数较少，自然会导致石油产品出口的延迟者较少，只有将产品特征进行控制后，才可能获得较为准确的回归结果；v_m 表示东道国固定效应。虽然模型中加入了部分东道国控制变量，但仍有一些无法观测的东道国特征会影响回归结果，故本书将东道国固定效应引入模型。

7.3.2 基本回归结果

表7－3列示了出口延迟者个数与开拓者生存年限之间的估计结果。泊松回归和负二项回归皆为计数回归模型，为此，本章同时利用负二项回归与泊松回归进行分析，其中回归（Ⅰ）和回归（Ⅱ）为负二项模型估计结果，回归（Ⅲ）为泊松模型估计结果。在此基础上，本书还利用OLS模型结果进行对比，估计结果见回归（Ⅳ）。

根据回归结果，在负二项回归中，alpha值在1%的显著性水平上拒绝过度分散即参数“alpha＝0”的假设，即认为负二项回归更符合本书的数据特征。本书以负二项估计结果为例进行解释。

不论是在回归（Ⅰ）抑或回归（Ⅱ）中，开拓者出口次数（$Piosur_{pm}$）均在1%的水平上显著为正。这说明在每一种新组合的出口中，潜在出口延迟者通过观察开拓者的出口年限推测该产品出口的获利情况，开拓者出口次数越多，说明该产品在海外市场有利可图，这时潜在出口企业会模仿开拓者的行为，跟随成功的开拓者进行出口。但如果开拓者出口次数很少，潜在出口延迟者则将其解读为该产品的市场前景较为暗淡，会倾向于放弃出口，所以从这个角度来看，我们可以得出出口延迟者会受益于出口

① 本书所取的东道国宏观变量值均为在某种新组合出口后，该国经济变量的平均值。

开拓者的结论。

同时，在负二项回归中，回归（Ⅱ）在回归（Ⅰ）的基础上加入了时间和产品固定效应，这使部分变量的系数符号和大小发生较大转变。值得一提的是，加入时间控制变量后，开拓者出口年限变量的系数减少，这说明新组合出口时间的不同确实会在一定程度上影响出口延迟者的个数，但要注意的是，在剔除时间变量的影响后，解释变量依然显著，充分说明潜在出口延迟者会根据开拓者在出口市场的成功与否决定自身的行为，以避免进行无利可图的出口。

表7-3 成功的出口开拓者是否拥有更多的出口延迟者——全样本基本回归

变量名称	负二项回归（Ⅰ）		负二项回归（Ⅱ）		泊松回归（Ⅲ）		OLS 回归（Ⅳ）
	系数（α）	边际效应（dy/dx）	系数（α）	边际效应（dy/dx）	系数（α）	边际效应（dy/dx）	
$Piosur_{pm}$	0.0915*** (17.90)	1.5581	0.0877*** (19.16)	1.4804	0.0708*** (15.11)	1.1989	1.7998*** (13.17)
$Growth_m$	0.2185*** (16.94)	3.7199	0.1400** (2.01)	0.2432	0.0090*** (3.51)	0.1520	3.4231*** (13.76)
$LnPop_m$	-7.0593*** (-12.26)	-120.1922	0.6634** (2.18)	11.0153	0.8077** (2.18)	13.6749	10.7095*** (8.56)
$Erisk_m$	-0.0712*** (-3.23)	-1.2120	0.0042 (0.20)	0.0713	-0.7362** (-2.57)	-12.4632	-2.4672*** (-4.86)
$Tariff_m$	0.1584*** (7.57)	2.6966	0.0338* (1.76)	0.5702	0.0409* (1.82)	0.6929	3.5202** (5.13)
$Lnentry_m$	3.8747*** (7.57)	65.9706	-0.6066** (-2.55)	-10.2417	-0.7481** (-2.55)	-3.3766	-6.3286*** (-4.49)
常数项	85.4884*** (14.14)	—	-4.9368** (-2.31)	—	-6.3380** (-2.07)	—	-80.1419*** (-3.87)
Year	NO		YES		YES		YES
Country	YES		YES		YES		YES
Product	NO		YES		YES		YES
alpha	0.8654***		0.7717***		—		—
Wald	2667.76		4496.22		3407.86		—
N	16928		16928		16928		16928

说明：回归结果由Stata12.0完成，***、**、*分别表示参数的估计值在1%、5%、10%的统计水平上显著，括号内数值为t统计值；“YES”表示模型中加入了控制变量。

在控制变量方面：(1) 东道国经济增速的系数为正，这是因为较高的经济增速意味着该国良好的经济环境，会促使潜在出口延迟者提高出口信心，增大出口延迟者的个数。(2) 东道国人口规模越大，说明该国的市场潜力越大，产品的潜在客户越多，则会促使更多的出口企业进入该市场进行跟随。(3) 经济风险指标的系数亦为正值，且在5%的显著性水平上有效。这是因为，东道国经济风险指标越大，说明该国的经济风险越小，则企业对该国出口时所面临的不确定和风险越小，所以企业会积极进行该市场的跟随，导致出口延迟者个数的增加。(4) 东道国关税水平的系数为正，但不显著，这与本章的预期并不相符。可能的原因是：目前，世界各国的关税水平虽有差异，但整体差别不大，故其对出口延迟者个数的负向影响没有得到彰显。(5) 较大的东道国进入成本会显著降低出口延迟者的个数，这是因为进入成本是影响企业出口收益的重要因素，进入成本越大，企业出口的收益越小，所以企业在利润最大化的驱使下会放弃对该国的出口，进而导致出口延迟者个数的减少。

7.3.3 不同产品种类下的分组检验

表7-4列出了在不同种类产品出口中，开拓者出口年限对延迟者个数的影响情况。

一方面，开拓者出口次数变量（$Piosur_{pm}$）在三类产品出口中均为正，且在1%的水平上显著有效，意味着不管在初级产品、农产品，还是制成品的出口中，出口延迟者的个数均会随着开拓者出口年限的增加而增加，进一步验证了出口延迟者受益于出口开拓者的假设。

但是另一方面，比较开拓者出口年限变量在不同产品种类中的边际效应值，可见在制成品行业中，其对出口延迟者个数的边际影响明显低于农产品，略高于初级产品，这可能是因为：与农产品相比，制成品多是深加工产品，其在生产过程中，由于企业加工工序和生产技术的不同，会造成产品在质量和性能方面呈现较大的差异。所以，尽管开拓者与延迟者进行相同产品的出口，但由于企业自身产品性能和质量的不同，其在海外的需求亦会出现较大差异。在此条件下，开拓者的市场需求等出口经验对延迟者的借鉴意义会有所降低，进而使开拓者对延迟者的信息溢出会大打折扣，也使出口延迟者受益于开拓者的作用大大降低。而与此形成鲜明对比的是，农产品在国际市场中具有一定的参考价格和较为相似的需求状况，而且产品同质性较高，其产品质量和性能方面不会出现较大的不同。因此，出口延迟者在市场进入之前可以依靠开拓者的出口情况，较为准确地推测产品在海外的获利性，从而导致开拓者对出口延迟者显现出较大的溢出效应。

表7-4 成功的出口开拓者是否拥有更多的出口延迟者——基于产品种类的分组检验

变量名称	初级产品		农产品		制成品	
	系数	边际效应	系数	边际效应	系数	边际效应
$Piosur_{pm}$	0.0881*** (4.25)	1.1117	0.1101*** (8.82)	1.2824	0.0950*** (19.51)	1.4563
$Growth_m$	0.1094** (2.37)	1.3794	0.0486** (2.25)	0.5661	0.0186** (2.40)	0.2847
$LnPop_m$	-0.0711 (-0.04)	-0.8976	-0.0744 (-0.07)	-0.8661	0.7581* (1.93)	11.6190
$Erisk_m$	0.0232 (0.30)	0.2922	0.0124 (0.30)	0.1447	0.0084 (0.53)	0.1282
$Tariff_m$	0.1386*** (2.59)	1.7481	0.0332 (0.88)	0.3868	0.0319* (1.81)	0.4889
$Lnentry_m$	0.7662 (0.13)	9.6651	-0.5786 (-0.71)	-6.7382	-0.6610** (-2.32)	-10.1304
常数项	-4.1767 (-0.42)	—	6.4499 (0.53)	—	-5.0081* (-2.12)	—
Year	YES		YES		YES	
Country	YES		YES		YES	
Product	YES		YES		YES	
likelihood	-2048.374		-7081.549		-62418.443	
Wald	952.75		1542.14		8112.51	
N	628		2193		17728	

说明：回归结果由Stata12.0完成，***、**、*分别表示参数的估计值在1%、5%、10%的统计水平上显著，括号内数值为t统计值；"YES"表示模型中加入了控制变量。

7.4 延迟者比开拓者有更多的出口量吗

前文利用统计方法对我国新组合出口的开拓者与延迟者在出口总量、

出口数量与出口价格上的差异给出了初步分析，而更为准确的结论还有待于我们使用实证分析给出。

7.4.1 计量模型设定和变量选取

本部分旨在考察企业进行新组合出口的第一年，开拓者和延迟者在出口总量、出口数量以及出口价格方面的差异，故本书采用 OLS 回归模型进行估计，具体形式如下：

$$LnValue_{pmi,t} = \beta_0 + \beta_1 [Pionner_{pmi} = 1] + \beta_3 Control + \xi + \varepsilon_{pmt} \quad (7-2)$$

$$LnQuanity_{pmi,t} = \beta_0 + \beta_1 [Pionner_{pmi} = 1] + \beta_3 Control + \xi + \varepsilon_{pmt} \quad (7-3)$$

$$LnPrice_{pmi,t} = \beta_0 + \beta_1 [Pionner_{pmi} = 1] + \beta_3 Control + \xi + \varepsilon_{pmt} \quad (7-4)$$

其中，下标 p、m、i 和 t 分别表示产品、市场、企业以及企业第一次出口新组合（p－m）的时间。

被解释变量 $LnValue_{pmi,t}$、$LnQuantity_{pmi,t}$和 $LnPrice_{pmi,t}$分别代表企业 i 在第一次进行新组合（p－m）出口那年（t），其出口总量、出口数量和出口价格的对数值；解释变量［$Pionner_{pmi} = 1$］表示，如果在新组合（p－m）出口中，企业 i 为开拓者，则解释变量取值为 1，否则，取值为 0。

控制变量 Control 包含其他能影响企业出口量变化的变量，主要包括：（1）企业规模（$LnTA_{i,t-1}$），以 t－1 期企业资产值的对数形式引入模型，并预测企业的规模越大，其出口量越大；（2）企业劳动成本（$LnLaborcost_{i,t-1}$），采用企业工资支出与员工人数的比值表示，并采取 t－1 期的对数形式引入模型。本书预测，企业的劳动力成本越高，其出口产品的价格加成越低，则企业出口的收益越低。在这种情况下，企业的出口量和出口数量越少，而出口价格越高。以上两个变量皆来源于中国工业企业数据库。

ξ 表示回归中加入的固定效应，写成 $\xi = v_{Year} + v_{company} + v_{product} + v_{country}$。其中，$v_{Year}$表示时间固定效应，用以控制开拓者和延迟者不同出口时间对出口量等造成的影响；$v_{register}$表示企业类型固定效应，在中国，不同所有权性质企业在出口方面会呈现出不同的特征，例如国有企业既会得到国家较多的优惠政策，又会受到出口二重动机的影响，进而对其出口量产生明显影响，因此有必要对企业类型进行控制；$v_{product}$和 $v_{country}$分别表示出口的产品和东道国固定效应，这是因为，出口总量、出口数量以及出口价格在不同的产品之间不具可比性，而东道国由于具有不同的市场规模、产品偏好，对出口产品的需求也会呈现较大差异，故本书需将产品和东道国虚拟变量引入模型进行回归。

7.4.2　基本回归结果

表7-5列出了全样本回归结果，其中回归（Ⅰ）~回归(Ⅲ）是针对企业出口总量的估计结果，回归（Ⅳ）和回归（Ⅴ）分别为对企业出口数量与出口价格的估计结果。

表7-5　延迟者是否比开拓者有更多的出口量——全样本基本回归

变量名称	出口总量			出口数量	出口价格
	（Ⅰ）	（Ⅱ）	（Ⅲ）	（Ⅳ）	（Ⅴ）
Pionner	-0.9161*** (-42.32)	-0.9470*** (-44.14)	-0.9843** (-34.90)	-0.1213*** (-3.73)	0.2973 (0.83)
LnTA			0.1496*** (19.63)	0.1448*** (15.75)	0.0130* (1.71)
LnLaborcost			-0.0852*** (-4.53)	-0.3683*** (-16.06)	0.2895*** (14.74)
常数项	9.1922*** (67.05)	10.7180*** (19.62)	7.6270*** (12.82)	11.4057*** (14.50)	-2.2129*** (-5.69)
Year	YES	YES	YES	YES	YES
Register	YES	YES	YES	YES	YES
Country	YES	YES	YES	YES	YES
Product	NO	YES	YES	YES	YES
R^2	0.0595	0.0836	0.1040	0.2604	0.2840
F	49.38	70.60	40.91	131.66	130.39
N	124420	124420	124420	124420	124420

说明：回归结果由Stata12.0完成，***、**、*分别表示参数的估计值在1%、5%、10%的统计水平上显著，括号内数值为t统计值；“YES”表示模型中加入了控制变量。

首先，从对企业出口总量的回归结果来看，回归（Ⅰ）为没有加入控制变量与不包含产品种类固定效应的回归结果，根据表7-5所示，回归（Ⅰ）中，解释变量为负，但并不显著；回归（Ⅱ）在回归（Ⅰ）的基础上加入产品种类固定效应，解释变量在1%的水平上显著有效，这说明如果企业为某种新组合出口的开拓者，则其在第一年的出口量比延迟者少7.49%，换言之，出口延迟者拥有比开拓者更多的出口量。这是因为：开拓者在出口新组合时，由于没有该组合出口的经验可以借鉴，其出口面临着较大的不确定性和风险，所以开拓者会采取更为谨慎的态度，用较少量的出口进行试探，而与此迥然不同的是，出口延迟者得益于开拓者的信息溢出效应，并以此推测该组合在海外市场的获利情况，在确定该组合的盈利前景下，企业才会进行跟随，而这时延迟者对出口较为乐观，促使其加大出口量；回归（Ⅲ）加入了控制变量，此时解释变量依然在1%的水平上显著为负，再次验证了延迟者出口量多于开拓者，即出口延迟者受益于出口开拓者的预测。在控制变量方面，企业规模显著为正，说明大规模企业有资本和能力进行大批量生产，并具有更大的出口量。同时，企业劳动成本显著为负，意味着企业的劳动成本越高，其产品的生产成本越高，而在价格一定的情况下，企业出口的获利越小，导致企业的出口量减少。

其次，从回归（Ⅳ）企业出口数量的回归结果来看，解释变量依然在1%的水平上显著为负，说明如果企业为开拓者，其出口数量将比延迟者减少11.19%，这归因于出口延迟者会受益于开拓者的信息溢出，从而使其明确自身出口的获利情况，进而通过大数量的出口，获得更多的收益。而控制变量的系数符号与显著性水平与回归（Ⅲ）一致，企业的规模越大、劳动成本越低其出口数量就越大。

最后，从回归（Ⅴ）企业出口价格的回归结果来看，解释变量Pionner的系数发生较大转变，其由负数转变为正数，且不再显著，这表明开拓者与延迟者相比，其在价格水平上并没有显著的变化，这也更加说明延迟者与开拓者出口量的差异主要由出口数量的差异引起的，而出口数量的差别主要来源于开拓者对延迟者的溢出效应。此外，从控制变量来看，企业规模变量为正，但不显著，说明企业出口价格与其规模相关性不大。而企业劳动成本变量显著为负，意味着劳动成本越高的企业，产品的生产成本也越高，所以在弥补成本的情况下，企业的出口价格相对较高。

7.4.3 对不同产品种类的分组检验

根据前文的典型化事实分析，出口延迟者受益于开拓者的假定可能会因产品种类的不同而显现出不同的特征，故本章将继续按照产品种类进行分组，分别探讨不同产品种类下，延迟者与开拓者在出口总量选择方面的差别，结果见表7－6（a）、表7－6（b）和表7－6（c）所示。

表7-6（a）　　不同产品种类下的分组检验（出口总量）

	初级产品	农产品	制成品
Pionner	-0.6331*** (-4.74)	-0.8473*** (-11.82)	-0.8823*** (-30.73)
LnTA	0.2766*** (7.75)	0.1865*** (9.35)	0.1543*** (19.37)
LnLaborcost	-0.0616 (-0.66)	-0.1114*** (-2.50)	-0.0814*** (-4.08)
常数项	9.6928*** (9.39)	8.0958*** (23.26)	6.9322*** (36.23)
Year	YES	YES	YES
Register	YES	YES	YES
Country	YES	YES	YES
Product	YES	YES	YES
R^2	0.1641	0.1671	0.1013
N	2039	5991	46497

说明：回归结果由Stata12.0完成，***、**、*分别表示参数的估计值在1%、5%、10%的统计水平上显著，括号内数值为t统计值；"YES"表示模型中加入了控制变量。

表7-6（a）显示了不同产品种类下，开拓者与延迟者在出口总量方面的差异。根据回归结果可知：在三类产品中，解释变量Pionner在1%的显著性水平均为负，与全样本回归结果一致。这说明在所有产品的出口中，延迟者比开拓者拥有更多的出口量，如前所述，这归因于开拓者对延迟者的信息溢出效应使延迟者对海外出口具有更多的了解，以至于降低其出口的不确定性和风险，最终导致出口量的增加。与此同时，在现实生活中，出口量的增加究竟是哪种具体原因在起作用，还待我们进行对出口数量和出口价格进行进一步的分析和检验。

表7-6（b）　　不同产品种类下的分组检验（出口数量）

	初级产品	农产品	制成品
Pionner	-0.0698 (-0.48)	-0.4648*** (-5.77)	-0.5824*** (-5.37)
LnTA	0.3251*** (8.01)	0.3097*** (13.32)	0.1399*** (14.41)

续表

	初级产品	农产品	制成品
LnLaborcost	-0.3325*** (-3.24)	-0.1062** (-2.03)	-0.4179*** (-16.82)
常数项	10.2929*** (9.91)	6.2210*** (15.27)	7.1050*** (24.49)
Year	YES	YES	YES
Register	YES	YES	YES
Country	YES	YES	YES
Product	YES	YES	YES
R^2	0.2032	0.2100	0.2635
N	2039	5991	46497

说明：回归结果由Stata12.0完成，***、**、*分别表示参数的估计值在1%、5%、10%的统计水平上显著，括号内数值为t统计值；"YES"表示模型中加入了控制变量。

表7-6（b）显示了不同种类产品中，开拓者与延迟者在出口数量方面的差异。根据回归结果，在这三类产品中，解释变量Pionner的系数均为负值，且在1%的水平上显著有效，说明不论哪种产品的出口，延迟者都能受益于开拓者的信息溢出效应，而使其对产品出口具有更多的了解，从而增大其产品的出口数量。在此基础上，对制成品进行进一步分析，可以看出相较于初级产品和农产品，制成品出口中的延迟者在出口数量方面的增加最大。

表7-6（c）　　不同产品种类下的分组检验（出口价格）

	初级产品	农产品	制成品
Pionner	-0.5813*** (7.05)	-0.3888*** (-7.02)	-0.3748*** (-31.89)
LnTA	-0.0478** (-2.35)	-0.1156*** (-8.09)	0.0232*** (2.83)
LnLaborcost	0.2724*** (4.90)	-0.0064 (-0.19)	0.3422*** (15.85)
常数项	-0.6719 (-1.41)	1.7662** (7.07)	-0.3036 (-1.32)
Year	YES	YES	YES
Register	YES	YES	YES

续表

	初级产品	农产品	制成品
Country	YES	YES	YES
Product	YES	YES	YES
R^2	0.1941	0.2034	0.2981
N	2039	5991	46497

说明：回归结果由 Stata12.0 完成，***、**、*分别表示参数的估计值在1%、5%、10%的统计水平上显著，括号内数值为t统计值；"YES"表示模型中加入了控制变量。

表7-6（c）则列示了在三种产品出口下，开拓者与延迟者在出口价格上的差异性表现。根据上表可知，不管在初级产品、还是农产品，抑或制成品中，解释变量 Pionner 皆显著为负，这意味着在这三类产品中，开拓者的出口价格均低于延迟者，这可能是因为延迟者出口年限在开拓者之后，物价水平等的提高导致延迟者的出口价格较高。

7.5 本章小结

为检验中国新组合出口中延迟者是否在短期内受益于开拓者，本章尝试从两个角度对此问题进行验证：一是成功的开拓者是否拥有更多的出口延迟者？二是在相同组合的出口中，延迟者是否比开拓者拥有更多的出口量？为回答这两个问题，本章首先继续沿用2000～2006年《中国海关数据库》与《中国工业企业数据库》的合并数据，在筛选出在中国进行新组合出口的开拓者与延迟者的基础上，对延迟者个数与开拓者生存年限的关系、开拓者与延迟者在出口量方面的差异进行初步的统计性分析；其次，利用计数模型对延迟者个数与开拓者的关系进行更为严谨的计量分析，结果发现两者之间呈现出显著的正相关关系，即开拓者生存年限的延长会显著提高出口延迟者的个数，验证了出口延迟者受益于开拓者的假设。在此基础上，对产品种类进行分组，也同样证实了短期溢出效应的存在；最后，本书以开拓者与延迟者在出口总量、出口数量与出口价格中的差异为对象进行实证分析，发现在相同组合出口的第一年，与开拓者相比，延迟者的出口量更大，而且这种差异主要体现在出口数量，而非出口价格方面。而对产品种类的分组检验却发现开拓者与延迟者出口量上的差异在制成品中最为显著，即在占比最大的制成品出口中，延迟者同样会因为受益于开拓者的溢出效应而拥有更多的出口数量。

第 8 章

出口延迟者获取长期溢出效应的实证检验

第5章的基本回归模型表明，生产率能够在出口企业充当开拓者抑或出口延迟者的选择过程中发挥重要作用，从而与异质性企业理论保持一致。在此基础上，可以从出口企业市场进入次序的考察中引申出两个类似的问题：一是出口企业的市场进入次序也是基于企业生产率而作出的“自选择”吗；二是虽然出口会促进企业生产率的提升，但企业不同的市场进入次序是否会对生产率的提升速度产生不同的影响？尤其是对于出口延迟者而言，其长期生产率效应究竟是优于出口开拓者，还是逊于出口开拓者，尚无确切答案。迄今为止，仅 Sheard（2014）[①] 利用瑞典的微观企业对第一个问题进行了回答，他认为出口延迟者通过学习开拓者的经验，可以获得溢出效应，降低出口的进入成本，但高生产率企业对学习效应的敏感度低于低效率企业，因此在其他条件相同的情况下，高生产率企业获得的溢出效应小于低生产率企业，故高生产率企业往往会更为快速地进入新市场。除此之外，尚未有学者对生产率与出口企业市场进入次序之间的双向影响进行研究。

据此，本章在前人研究的基础上，拟从以下三方面实现创新和突破：第一，以中国出口企业的市场进入次序为研究对象，分析企业生产率对其市场进入次序的影响情况。在此基础上，以中国企业出口后的生产率增速为研究对象，首次判断进入次序是否会对出口企业的生产率提升速度产生差异性影响。第二，截至目前，学者们对出口企业市场进入次序的研究均建立在企业整体或者产品层面，而本书尝试在产品—市场—企业三维维度

---

① Sheard，N.，2014，“Learning to Export and the Timing of Entry to Export Markets”，*Review of International Economics*，22（3），pp. 536 – 560.

上进行研究。如前所述，在现实经济生活中，多产品、多市场出口企业占比较高（Goldberg et al.，2010①；钱学锋等，2013②），而同一企业在不同产品、不同市场中的出口次序选择是不同的，因此，将企业视为一个整体忽视了不同产品和市场的特征，需要对此研究瓶颈予以突破。第三，本书基于扩展边际的视角，研究企业在“新的产品—市场组合”（以下简称新组合）出口中的次序选择。这是因为，新组合是衡量一国扩展边际的重要标准，而企业在出口中的跟随行为会在一定程度上抑制扩展边际的提升（Hausmann and Rodrik，2003③），而在中国扩展边际后动力不足的情况下，以新组合为视角进行企业市场进入次序的研究有助于提升我国的扩展边际，促进我国出口的可持续增长（钱学锋和熊平，2010）④。

8.1　企业生产率的测算

长期以来，企业生产率一直是学者关注的重点内容之一，并对此形成了不同的测算方法，最常用的包括基于 OLS 回归的索洛余额法、对上述方法进行修正的 Olley-Pakes 法和 Levinsohn-Petrin 法，本章将同时采用这三种方法对进行新组合出口的企业生产率进行测算，以期得到更为稳健和准确的结果。

8.1.1　OLS 索洛余额法

Sollow（1957）⑤ 将企业生产率视为总产出中不能由要素投入解释的“剩余”部分，并利用 Cobb-Douglas 生产函数的对数形式对企业产出进行拟合，如公式（8－1）所示：

$$y_{it} = al_{it} + bk_{it} + \varepsilon_{it} \tag{8-1}$$

① Goldberg，P.，A. Khandelwal，N. Pavcnik and P. Topalova，2010，“Multi-product Firms and Product Turnover in the Developing World：Evidence from India”，*Review of Economics and Statistics*，92（4），pp. 1042－1049.

② 钱学锋、王胜、陈勇兵：《中国的多产品出口企业及其产品范围：事实与解释》，载《管理世界》2013 年第 1 期。

③ Hausmann，R.，and D. Rodrik，2003，“Economic Development as Self-Discovery”，*Journal of Development Economics*，72，pp. 603－633.

④ 钱学锋、熊平：《中国出口增长的二元边际及其因素决定》，载《经济研究》2010 年第 1 期。

⑤ Sollow，R. M.，1957，“Technical Change and the Aggregate Production Function”，*Review of Economics and Statistics*，39，pp. 312－320.

其中，y_{it}、l_{it}与k_{it}分别代表企业的总产出、劳动和资本的对数值，ε_{it}为残差项。

对公式（8-1）进行OLS回归，得出企业产出的估计值$\hat{y}_{it}$，而企业生产率则为其实际产出与估计产出之间的差额，即：

$$TFP_{it}^{OLS} = y_{it} - \hat{y}_{it} \tag{8-2}$$

这种基于OLS回归的索洛余额法由于计算的简单直观获得了较多学者的青睐，但该方法面临两个不容忽视的计量问题：同步偏差（Simultaneity bias）和样本选择性偏差（Selection bias），前者来源于企业当期生产率对其要素投入的逆向影响，而后者来源于企业生产率与其退出率的相关关系（Olley and Pakes，1996）①。当这两种偏差存在的情况下，上述OLS回归会使对企业生产率的测算产生偏误。为此，学者们也尝试采用不同的方法对传统的OLS法进行修正，也由此产生了以下两种常见的方法。

8.1.2 Olley-Pakes法（简称OP法）

为解决同步偏差，Olley and Pakes（1996）将生产函数中的残差项分拆成两部分：一部分为$\bar{w}_{it}$，表示可以被企业观测到并影响当期要素选择的残差；另一部分为e_{it}，表示真正的、与回归项不相关的残差，如公式（8-3）所示：

$$y_{it} = al_{it} + bk_{it} + \bar{w}_{it} + e_{it} \tag{8-3}$$

此外，Olley and Pakes（1996）假设企业的投资决定受其生产率变动的影响，从而将企业的当期投资作为企业生产率冲击的代理变量引入模型，并认为企业对$\bar{w}$的预期越高，企业当期的投资也会越高，即有企业最优投资量与其生产率和资本存量之间的函数和反函数关系，如公式（8-4）所示：

$$i_{it} = i(\bar{w}, k_{it}) \text{ 和 } \bar{w}_{it} = i^{-1}(i_{it}, k_{it}) \tag{8-4}$$

将公式（8-4）中的反函数代入公式（8-3），可得：

$$y_{it} = al_{it} + bk_{it} + i^{-1}(i_{it}, k_{it}) + e_{it} \tag{8-5}$$

假设$\varphi_{it} = bk_{it} + i^{-1}(i_{it}, k_{it})$，公式（8-5）可化简为：

$$y_{it} = al_{it} + \varphi_{it} + e_{it} \tag{8-6}$$

对公式（8-6）进行估计，可求出劳动l_{it}的无偏估计系数值a^{OP}以及

① Olley，G. and A. Pakes，1996，"The Dynamics of Productivity in the Telecommunications Equipment Industry."，*Econometrica*，64（6），pp. 1263-1297.

残差项 $e_{it} = y_{it} - a^{OP}l_{it}$。

然后，根据以上得到的残差项 e_{it}，采用非线性最小二乘法（NLS）进一步估计出资本的无偏估计系数值 b^{OP}，进而可以测算 OP 方法下的企业生产率 TFP_{it}^{OP}，即：

$$TFP_{it}^{OP} = y_{it} - a^{OP}l_{it} - b^{OP}k_{it} \tag{8-7}$$

8.1.3 Levinsohn-Petrin 法（简称 LP 法）

OP 法虽然解决了 OLS 回归中的同步偏差问题，但丢失了企业投资额为零的样本观测值。为此，Levinsohn and Petrin（2003）[①] 用中间品投入（m_{it}）取代企业投资额（i_{it}）作为企业生产率的代理变量进行回归以此弥补 OP 法的不足，方法步骤与 OP 法类似，在此不再赘述。

据此，本章在利用传统 OLS 方法的基础上，同时采用 OP 和 LP 两种修正方法对 16955 家样本企业在样本期间的生产率进行测算，以保证回归结果的稳健性和可信度。各种方法下企业生产率水平的核密度函数，如图 8－1 所示。在三种方法中，OLS 索洛余额法下的生产率均值最低，可见该方法低估了我国企业的生产率水平。

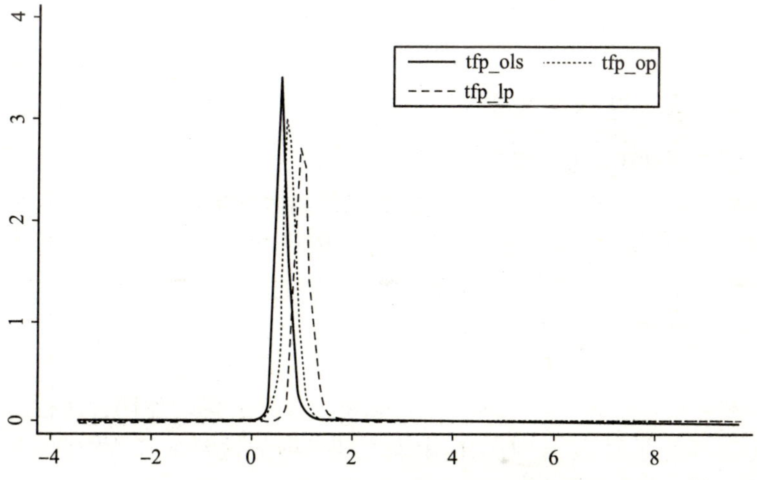

图 8－1　TFP 估计值的核密度函数图

① Levinsohn, J. and A. Petrin, 2003, "Estimating Production Functions Using Inputs to Control for Unobservables", *Review of Economic Studies*, 70 (2), pp. 317－341.

8.2 市场进入次序是出口企业基于生产率而做出的“自选择”吗

8.2.1 模型选择

鉴于企业在每种新组合出口中面临充当开拓者抑或出口延迟者的角色选择，故本章将采用离散二值 logit 模型检验企业生产率对其充当开拓者概率的影响情况。回归方程如公式（8-8）所示：

$$P(order=1 \mid x)=TFP_{t-1}\beta+Z_{t-1}\delta+\mu_t+\mu_z+\mu_l+\varepsilon \tag{8-8}$$

其中，$P(order=1 \mid x)$ 代表在新组合（p-m）出口中，i 企业充当开拓者的概率，TFP 代表 i 企业的生产率水平，Z 代表其他影响企业市场进入次序选择的控制变量，既涵盖了企业微观层面的变量，又囊括了东道国宏观层面的变量，μ_t、μ_z 和 μ_l 分别为时间、行业与地区固定效应，ε 表示随机误差项。

8.2.2 变量描述

8.2.2.1 被解释变量

由于本章首先考察的是企业充当开拓者还是出口延迟者的次序选择，故被解释变量（$order_{p-m-i,t}$）被设定为二值离散变量（1 和 0）。若企业在 t 年开始出口新组合（p-m），且该组合的最初出口也是从 t 年开始，则该企业为开拓者，取值为 1，反之则取值为 0。

8.2.2.2 解释变量

本章重点考察企业生产率对其市场进入次序的影响作用，故仅将生产率作为解释变量纳入模型，并同时考察三种方法计算下的生产率水平（TFP^{OLS}、TFP^{OP} 以及 TFP^{LP}）对其次序选择的影响。

8.2.2.3 控制变量

（1）企业微观变量。除生产率水平外，其他方面的企业微观特征亦会对其市场进入次序产生影响。第一，企业规模（$LnTA_{i,t-1}$）：选择企业 t－1 期的资产值来反映，单位为千元人民币。第二，企业信贷约束（$Crec_{i,t-1}$）：采用企业杠杆率即流动负债与流动资产的比值来衡量，且该比值越大，说明企业的信贷约束越严重（Cleary et al.，2007①；Greenaway et al.，2007②）。第三，市场集中度（$HHI_{i,t-1}$）：本书采用赫芬达尔－赫尔曼指数来衡量企业的市场集中度，计算公式为：$HHI = \sum_{i=1}^{N}(X_i/X)^2 = \sum_{i=1}^{N} S_i^2$，其中，$X_i$ 和 X 分别代表企业 i 以及整个行业的销售额，S_i 为企业 i 的市场占有率。HHI 指数越小，说明市场集中度越小，企业的市场竞争程度越强，企业基于资源获取、市场规模等造成的拥挤效应越大，企业越会选择充当开拓者（Mitchell，1991）③。第四，企业经验：本书采用两个指标加以衡量，一是企业从建立到开始出口新组合的年限（$Time_{i,t-1}$），侧重反映企业的经营经验；二是企业出口量占总销售量的比重（$Exp_{i,t-1}$），侧重反映企业的出口经验。这两个指标值越大，说明企业的生产销售经验越丰富，对新组合出口不确定性的把控能力越强，企业越倾向于充当开拓者。

（2）东道国宏观变量。东道国宏观经济特征会影响企业作为开拓者或出口延迟者的收益和成本，进而影响企业的市场进入次序选择，故本书将东道国的宏观特征引入模型。第一，东道国经济增长率（$Growth_{m,t-1}$）：将东道国 t－1 期的 GDP 增长率引入模型，反映东道国对企业出口的吸引力，数据来源于世界银行。第二，东道国人口规模（$LnPop_{m,t-1}$）：一般而言，东道国人口规模越小，市场规模相应越小，基于拥挤效应产生的开拓者先发优势越大，数据来源于世界银行。第三，东道国经济自由度（$Freed_{j,t-1}$）：数据来源于《华尔街日报》和美国传统基金会发布的年度报告。该值越高，说明东道国的经济自由度越高，对出口企业的吸引力越大。

---

① Cleary, S.，P. Povel and M. Raith, 2007, "The U-shaped Investment Curve: Theory and Evidence", *Journal of Financial and Quantitative Analysis*, 42, pp. 1－40.

② Greenaway, D.，A. Guariglia and R. Kneller, 2007, "Financial Factors and Exporting Decisions". *Journal of International Economics*, 73, pp. 377－395.

③ Mitchell, W.，1991, "Dual Clocks: Entry Order Influences on Incumbent and Newcomer Market Share and Survival When Specialized Assets Retain Their Value", *Strategic Management Journal*, 12 (2), pp. 85－100.

8.2.3 基本回归结果

为避免变量的异方差性对结果造成影响，本章在回归时均使用稳健性标准差，回归结果如表8-1所示。

表8-1分别列示了利用OLS、OP和LP法测算的企业生产率的回归结果。可以看出，一方面，在三次回归中，企业生产率的系数均显著为正，表明企业的生产率越高，在新组合出口中充当开拓者的概率越大。究其原因：从企业的开拓能力来看，高生产率企业在海外的生产盈利能力较高，所以在面对激烈的海外竞争与不确定性下，高生产率企业获利的可能性也较大，从而使其具备充当开拓者的前提条件；从企业等待与跟随的收益来看，正如Sheard（2014）① 所指出的，高生产率企业对学习效应的敏感度低于低生产率企业，所以高生产率企业通过等待获得的后发优势相对较弱，而低生产率企业通过等待获得的后发优势较大，从而促使低生产率企业基于较大的后发优势而选择充当出口延迟者，而高生产率企业选择充当开拓者。另一方面，比较三次回归中企业生产率作用的大小，可以看出在OP和LP方法测算下，企业生产率对其充当开拓者概率的边际效应较大，分别为0.0275和0.0371，并高于其他控制变量的边际影响；而在传统的OLS回归中，企业生产率的边际效应仅为0.0189，说明在存在同步偏差与选择偏差的OLS回归中，企业生产率对充当开拓者的影响作用被低估，这也启示我们要高度重视生产率对企业市场进入次序的影响作用，即通过提高生产率，缩短企业在新组合出口中的延迟时间，促使企业在新组合中充当开拓者，进而提升我国出口的扩展边际。

所有控制变量在三次回归中的结果在作用方向和显著性水平上均保持一致：

（1）企业规模的系数为正，说明规模大的企业在新组合的出口中倾向于充当开拓者，这与Wagner and Zahler（2015）的结论并不相符。可能的原因是，虽然大规模企业在出口中会额外支付一部分选择成本，但该类企业却拥有较强的资金实力和风险抵抗能力，并使其足以抵消选择成本的支付，所以从总体看，依然是大规模企业倾向于充当新组合出口的开拓者。

---

① Sheard, N., 2014, "Learning to Export and the Timing of Entry to Export Markets", *Review of International Economics*, 22 (3), pp. 536-560.

表 8－1　　　　　　基本回归结果

变量名称		OLS		OP		LP	
		系数（α）	边际效应（dy/dx）	系数（α）	边际效应（dy/dx）	系数（α）	边际效应（dy/dx）
解释变量	$TFP^{OLS}_{i,t-1}$	0.1091 **（2.08）	0.0189 **	—	—	—	—
	$TFP^{OP}_{i,t-1}$	—	—	0.1588 ***（2.64）	0.0275 ***	—	—
	$TFP^{LP}_{i,t-1}$	—	—	—	—	0.2141 ***（3.39）	0.0371 ***
控制变量	$LnTA_{i,t-1}$	0.1294 ***（12.39）	0.0224 ***	0.1419 ***（17.22）	0.0246 ***	0.1409 ***（17.07）	0.0244 ***
	$Time_{i,t-1}$	0.0001（0.86）	0.0000	0.0001（0.82）	0.0000	0.0001（0.80）	0.0000
	$Exp_{i,t-1}$	0.0114 ***（25.96）	0.0020 ***	0.0114 ***（25.99）	0.0020 ***	0.0115 ***（26.05）	0.0020 ***
	$Crec_{i,t-1}$	-0.1046 ***（-6.74）	-0.0181 ***	-0.1058 ***（-6.80）	-0.0183 ***	-0.1061 ***（-6.84）	-0.0184 ***
	$HHI_{i,t-1}$	-6.6491 ***（-41.08）	-1.1516 ***	-6.6497 ***（-41.12）	-1.1515 ***	-6.6466 ***（-41.13）	-1.1507 ***
	$Growth_{m,t-1}$	0.0131 ***（4.91）	0.0023 ***	0.0131 ***（4.91）	0.0023 ***	0.0131 ***（4.91）	0.0023 ***
	$LnPop_{m,t-1}$	-0.0706 ***（-7.98）	-0.0122 ***	-0.0705 ***（-7.98）	-0.0122 ***	-0.0708 ***（-8.01）	-0.0123 ***
	$Freed_{j,t-1}$	0.0317 ***（4.12）	0.0055 ***	0.0319 ***（4.15）	0.0055 ***	0.0321 ***（4.17）	0.0055 ***
	常数项	-2.7270 ***（-18.33）	—	-2.7318 ***（-18.75）	—	-2.7365 ***（-19.08）	—
时间固定效应		YES		YES		YES	
行业固定效应		YES		YES		YES	
地区固定效应		YES		YES		YES	
Wald chi2		6793.89		6789.80		6785.30	
R^2		0.2435		0.2436		0.2438	
Log pseudolikelihood		-14743.604		-14741.741		-14738.493	

说明：回归结果由 Stata12.0 完成，***、**、* 分别表示参数的估计值在 1%、5%、10% 的统计水平上显著，括号内数值为 t 统计值；"YES" 表示模型中加入了控制变量。

（2）出口经验越丰富的企业，其充当开拓者的概率越大，这是因为企业从以往的出口经验中获得了溢出效应，积累了在海外市场经营的经验教训，降低了对海外市场的不确定性，并促使企业在其他新组合的出口中充当开拓者。与之不同的是，企业经营经验对其市场进入次序的影响并不显著，可能是因为国内市场与海外市场在需求偏好、法律法规等方面存在明显差异，所以企业在国内市场的经营经验对其在海外出口的指导作用不大。

（3）企业信贷约束的系数显著为负，说明信贷约束严重制约了企业在海外充当开拓者的可能性。众所周知，企业出口需支付较大的进入成本，但相较于出口延迟者，开拓者由于对海外市场的不确定性更大，支付的进入成本也更大，所以信贷约束大的企业会受制于资金的约束无力支付进入成本（Besedes et al.，2014）①，从而制约其充当开拓者的能力。与此同时，新组合的出口属于企业的一种创新行为，而已有研究表明信贷约束与企业创新倾向呈反向关系（赵伟等，2012）②，所以信贷约束大的企业并不倾向进行出口的创新，从而也不倾向于充当开拓者。

（4）市场集中度指标的系数为负，说明市场的集中度越小，即企业面临的市场竞争性越大，企业充当开拓者的概率越高，这进一步表明，企业所在市场竞争越激烈，资源利用、市场占领等方面的拥挤效应越明显，企业率先占据国外市场的紧迫感越强，越倾向于充当开拓者。

（5）东道国经济增长率的系数为正，说明企业在对增速较快的市场出口时充当开拓者的概率较大，这是因为，较快的经济增长率不仅代表该国日渐扩大的市场需求，也是该国市场稳定的一个表象，所以在此情形下，企业倾向于在该国充当开拓者。

（6）东道国人口规模与企业充当开拓者的概率呈显著的负向关系，这主要归因于东道国人口规模越小，其潜在的消费者越少，而企业基于拥挤效应的存在，为避免丢失有限的市场份额而选择充当开拓者。

（7）东道国的经济自由度能有效刺激企业充当开拓者的积极性，这是因为，一国的经济自由度越高，越能够为出口企业提供公平、公正、公开

---

① Besedes, T., B. C. Kim and V. Lugovskyy, 2014, "Export Growth and Credit Constraints", *European Economic Review*, 70, pp. 1 - 44.

② 赵伟、韩媛媛、赵金亮：《融资约束、出口与中国本土企业创新：机理与实证》，载《当代经济科学》2012 年第 6 期。

的市场环境，出口企业面临的不确定性和风险较小，企业借助延迟降低风险的意愿也较弱，从而促使企业较快地进入市场充当开拓者。

8.2.4 基于产品种类的分组检验

不同类产品在需求特征、要素含量与技术含量等方面存在差异，因此企业出口不同种类产品时，生产率对其充当开拓者概率的影响也可能存在显著差异。据此，本章依然依照 Leamer（1984）[①] 的方法以要素含量为依据对产品进行分类，并考察在不同种类产品出口下企业生产率对其市场进入次序的影响。在 Leamer（1984）分类标准中，产品可以分为三大类，分别为初级产品（石油和原材料）、农产品（林产品、热带农产品、动物和谷类）和制成品（劳动密集型产品、资本密集型产品、机械和化工），三种类别产品的要素含量依次增加。囿于篇幅有限，本书仅以 LP 方法为例，对三大类产品的回归结果列示如下（见表 8－2）。

从表 8－2 可以看出，在三大产品类型中，企业生产率对其市场进入次序的影响呈现明显的差异。在初级产品和农产品中，虽然企业生产率对其在新组合出口中充当开拓者的概率有一定的正向作用，但该效果并不显著；与之形成鲜明对比的是，在制成品出口中，企业生产率的提升能够显著提高其充当开拓者的概率。

首先，初级产品涵盖了石油和原材料等基础性能源产品，在我国现阶段，生产该类产品的企业多为资金实力雄厚的国有控股企业，在得到政府政策倾斜的背景下，其在市场中的垄断性较强，面临的市场竞争较小，故该类产品的出口并不完全是基于市场的自由化选择。一些国有企业在生产率并不占优的情况下依赖于较多的政策庇护而敢于充当新组合出口的开拓者，而另一些生产率较高的企业，虽具备了充当开拓者的客观条件，但苦于得不到必要的资金或政策支持而放弃充当开拓者。以石油产品为例，中国石油产品的出口一直实行国营贸易和出口配额管理，这种“计划性”的出口政策堵塞了企业生产率的作用渠道。所以，生产率对石油出口企业市场竞争力的调节作用也受到了抑制，进一步导致了企业生产率对其市场进入次序影响作用的不显著。

---

① Leamer E. E.，1984，“Sources of International Comparative Advantage：Theory and Evidence”，Cambridge，MA：MIT press.

表 8-2　　基于产品种类的分组检验

变量名称		初级产品 系数 (α)	初级产品 边际效应 (dy/dx)	农产品 系数 (α)	农产品 边际效应 (dy/dx)	制成品 系数 (α)	制成品 边际效应 (dy/dx)
解释变量	$TFP^{LP}_{i,t-1}$	0.5341 (1.44)	0.0871	0.1539 (1.40)	0.0257	0.2156*** (2.69)	0.0381***
控制变量	$LnTA_{i,t-1}$	0.0569 (0.84)	0.0093	0.1484*** (11.45)	0.0247***	0.1370*** (12.44)	0.0242***
	$Time_{i,t-1}$	0.0179 (1.62)	0.0029	0.0001 (1.02)	0.0000	0.0000 (0.19)	0.0000
	$Exp_{i,t-1}$	0.0146*** (4.29)	0.0024***	0.0119*** (16.48)	0.0020***	0.0112*** (19.68)	0.0020***
	$Crec_{i,t-1}$	-0.0535 (-0.51)	-0.0087	-0.1252*** (-5.29)	-0.0209***	-0.0944*** (-4.49)	-0.0167***
	$HHI_{i,t-1}$	-10.3520*** (-9.20)	-1.6879***	-6.6226*** (-23.98)	-1.1040***	-6.5885*** (-32.83)	-1.1629***
	$Growth_{m,t-1}$	0.0074 (0.26)	0.0012	0.0118*** (2.60)	0.0020***	0.0135*** (4.09)	0.0024***
	$LnPop_{m,t-1}$	-0.2495*** (-3.95)	-0.0407***	-0.0870*** (-5.81)	-0.0145***	-0.0592*** (-5.28)	-0.0104***
	$Freed_{j,t-1}$	0.0936 (1.58)	0.0153	0.0816*** (6.39)	0.0136***	0.0023 (0.24)	0.0004
	常数项	-0.3580 (-0.33)	—	-2.9075*** (-12.46)	-	-2.6415*** (-14.15)	—
时间固定效应		YES		YES		YES	
行业固定效应		YES		YES		YES	
地区固定效应		YES		YES		YES	
Wald chi2		233.87		2683.46		3951.40	
R^2		0.2852		0.2602		0.2346	
Log pseudolikelihood		-307.261		-5356.825		-9029.417	
N		1332		21566		33517	

说明：回归结果由 Stata12.0 完成，***、**、* 分别表示参数的估计值在 1%、5%、10% 的统计水平上显著，括号内数值为 t 统计值；"YES" 表示模型中加入了控制变量。

其次，农产品的出口一直是中国贸易的重中之重，但是在现阶段，农产品仍为技术含量较低的劳动密集型和自然资源（如土地、水资源等）密集型产品。因此，农产品生产企业的竞争优势主要来源于我国较为低廉的劳动力价格和丰富的自然资源，企业生产率的重要作用尚未得到很好的发挥，从而导致在该类产品的出口中，企业生产率对其市场进入次序的作用无法彰显。

最后，在制成品出口中，企业生产率的提升对其充当新组合出口开拓者的概率具有十分显著的促进作用。这是因为，一方面，随着我国市场化的进一步发展，制造业基于较多的产品种类与较大的产品差异，已基本具备了市场化竞争态势。在这种激烈竞争中，生产率自然成为企业获取竞争优势的一大来源。因此，生产率高的企业基于较强的市场竞争力有能力充当新组合出口的开拓者。另一方面，与初级产品和农产品不同的是，制造业产品多为深加工产品，在加工过程中，企业生产率的作用可以得到充分的深化和外化，特别在技术含量最高的机械和化工产品中，企业生产率对其市场进入次序的影响作用最大且最为显著①，可见越是生产难度大、技术含量高的产品，企业生产率的作用就越显著。

8.3 市场进入次序会对出口企业的生产率增速产生差异性影响吗

根据以往研究，虽然出口是企业生产率的自选择过程，但是由于出口可以促使企业从海外竞争者那里获得新的生产技术等，进而有助于企业生产率的提高。从已有研究来看，出口对企业生产率的促进作用已在加拿大、英国和智利等很多国家得到证明（Baldwin and Gu，2003②；Greenaway and Kneller，2004③；Alvarez and Lopez，2005④），但是市场进入次序的不同是否又会引起企业生产率提升速度的不同，尚待进一步检验。据此，本章以企业出口后的生产率增速为被解释变量，进一步探究进入次序

① 限于篇幅，不再将各分类产品的实证结果列出。

② Baldwin, J. R. and W. Gu, 2003, "Export-Market Participation and Productivity Performance in Canadian Manufacturing", Canadian Journal of Economics, 36 (3), pp. 634 - 657.

③ Greenaway, D. and R. Kneller, 2004, "Exporting and Productivity in the United Kingdom", *Oxford Review of Economic Policy*, 20 (3), pp. 358 - 371.

④ Alvarze, R. and R. A. Lopez, 2005, "Exporting and Performance: Evidence from Chilean Plants", *Canadian Journal of Economics*, 35 (4), pp. 1384 - 1400.

的不同对其生产率增速的影响情况。

在以企业市场进入次序为解释变量的基础上，本章认为企业的其他微观变量也会影响其生产率的增长情况，并将其视为控制变量引入模型，包括：（1）工业增加值（$Lnadd_{i,t-1}$），按照2000年的不变价格进行调整并以对数形式引入模型；（2）资本密集度（$Capin_{i,t-1}$），采用企业的人均资本量，即固定资产净值余额与员工人数之比进行衡量；（3）是否为国有企业（$Soe_{i,t-1}$），如果为国有企业，则取值为1，否则为0；（4）盈利情况（$Pro_{i,t-1}$），如果企业在t-1期的利润大于零，则取值为1，否则取值为0。上述企业微观数据均来源于《中国工业企业数据库》。此外，为控制企业出口时间、所在行业以及地区的不同对结果造成的影响，本章在回归中加入时间、行业以及地区控制变量，结果如表8-3所示。

表8-3　　　　进入次序对生产率增速的影响

变量名称	全样本	短期			期（三年以上）
		第一年（Ⅰ）	第二年（Ⅱ）	第三年（Ⅲ）	
Order	0.0003 (0.02)	-0.0697* (-1.99)	-0.0375 (-1.46)	-0.0154 (-1.17)	0.0369** (2.06)
$Lnadd_{i,t-1}$	0.0303*** (9.09)	0.0294*** (5.43)	0.0310* (1.80)	0.0159*** (3.24)	0.0327*** (9.81)
$Capin_{i,t-1}$	-0.0083*** (-2.37)	-0.0044 (-1.15)	-0.0187 (-1.14)	-0.0079 (-1.56)	-0.0098* (-1.84)
$Soe_{i,t-1}$	-0.0136 (-0.67)	-0.0253 (-1.59)	-0.0025 (-0.04)	-0.0078 (-0.41)	-0.0193 (-1.16)
$Pro_{i,t-1}$	-0.0629*** (-2.78)	-0.0710*** (-3.62)	0.1043 (1.46)	-0.0377 (-1.50)	-0.0281 (-1.54)
常数项	-0.1242*** (-3.42)	-0.0617** (-2.41)	-0.2641* (-1.94)	-0.1211*** (-3.25)	-0.1914*** (-5.07)
时间固定效应	YES	YES	YES	YES	YES
行业固定效应	YES	YES	YES	YES	YES
地区固定效应	YES	YES	YES	YES	YES
F	18.55	21.12	13.17	11.57	22.12
R^2	0.0038	0.0105	0.0034	0.0020	0.0137
N	38643	12094	8020	25173	13470

说明：回归结果由Stata12.0完成，***、**、*分别表示参数的估计值在1%、5%、10%的统计水平上显著，括号内数值为t统计值；“YES”表示模型中加入了控制变量。

根据表 8-3，在全样本回归结果中，企业进入次序变量（Order）的系数为正，但并不显著，说明进入次序对企业出口后生产率增长速度的影响并不明晰。这是因为，一方面，开拓者的优先进入会使其享有一定的先发优势，包括优先锁定供应商，与海外企业建立业务关联的优势以及利用规模经济、学习曲线等获得的成本优势等（Lieberman and Montgomery，1988①，1998②；Schmalensee，1982③；Johnson and Tellis，2008④），这些优势都会促使开拓者生产率较快的提升；但是另一方面，开拓者在享有以上优势的同时，却由于缺少可借鉴的经验，在对东道国信息的掌握方面具有明显的劣势，这会在一定程度上抑制开拓者生产率的提升速度。综合以上两点，相较于出口延迟者，开拓者并没有表现出显著的生产率增长优势。但是，开拓者先发优势和劣势的大小可能会随着时间推移而发生变化，因此本书以时间为划分标准进行分组检验，以待更深层次剖析在短期和长期中，市场进入次序对企业生产率增速的影响差异，结果见表 8-3。

根据回归结果，在短期内，回归（I）考察了出口后第一年（t+1），进入次序对企业生产率增速的影响情况。可以看出，与全样本回归结果不同的是，企业进入次序变量（Order）为负，且在 10% 的水平上显著有效，说明开拓者在出口后第一年中的生产率增长速度明显小于出口延迟者。换言之，出口延迟者在其出口后第一年得到了更大的生产率提升速度。究其原因，企业在新市场的开拓必然面临着种种的不熟悉和不确定性，所以开拓者在出口的初期要不断调整自身的产品，使其满足海外市场的需求，从而忽略了海外竞争带给其生产率的刺激作用，所以导致企业生产率的提升受到了抑制。而与此迥然不同的是，出口延迟者得益于开拓者的信息溢出效应，使其在开始出口时，不管是对海外消费者的需求还是对海外市场的结构等都具有更准确的认识，所以在这种情况下，海外出口对出口延迟者生产率的提高作用便得以彰显。回归（Ⅱ）和（Ⅲ）分别表示企业在出口后第二年（t+2）和第三年（t+3），进入次序对其生产率增速的影响，可以发现该变量仍为负，但已不再显著，并且系数的绝对值也依次减小，

---

① Lieberman，M. B. and D. B. Montgomery，1988，"First-Mover Advantages"，*Strategic Management Journal*，9，pp. 41-58.

② Lieberman，M. B.，D. B. Montgomery，1998，"First-Mover Advantages：Retrospective and Link with the Resource-Based View"，*Strategic Management Journal*，19，pp. 1111-1125.

③ Schmalensee，R.，1982，"Product Differentiation Advantages of Pioneering Brands"，*American Economic Review*，72，pp. 349-365.

④ Johnson，J. and G. J. Tellis，2008，"Drivers of Success for Market Entry into China and India"，*Journal of Marketing*，72（3），pp. 1-13.

这意味着在企业出口的第二年和第三年，虽然出口延迟者对东道国信息的了解仍优于开拓者，但经过前期的适应与调整，开拓者在融入海外市场的过程中，与出口延迟者在信息方面的差距逐渐缩小，所以开拓者基于信息不足而产生的在生产率提升方面的劣势也逐渐消失。

与此同时，本章将企业在出口三年后的数据归为长期样本进行回归，发现相较于短期样本，结果发生了较大的变化。根据表8-3，进入次序变量（Order）由负转正，且在5%的水平上显著有效。这说明，从长期来看，开拓者的生产率增速高于出口延迟者，与短期结果恰好相反。对此的解释为：一方面，在较长的时间内，伴随着开拓者在东道国出口经验的增加，其对海外市场的信息获取更为充分，而此时，出口延迟者通过等待所获得的东道国信息的重要性则被弱化，也就是说，出口延迟者在信息方面的后发优势在消失。另一方面，与出口延迟者相对比，开拓者优先进入海外市场，更容易与海外优质企业建立业务联系，占据更多的市场份额，而开拓者的这种先发优势在时间的推移中得到不断地强化，并进一步转化为对企业生产率的促进作用。所以，在长期中，与出口延迟者相比，开拓者呈现出较高的生产率增长速度。

此外，所有控制变量在以上回归中的结果基本保持一致：第一，工业增加值（$Lnadd_{i,t-1}$）的系数为正，说明企业在前一年的生产增加值越多，越会促进企业下一年生产率较快的提升。第二，资本密集度（$Capin_{i,t-1}$）的系数为负，意味着资本密集型企业的生产率增长较慢，这可能是因为该类企业生产率的提升更多地依赖于高新技术的革新以及生产设备的大规模更新等，而这种行为在企业生产中发生的频率较小，而劳动密集型企业则不然，熟练劳动力的雇佣或者某个小程序的改进都可以使其生产率得到较大的提升，所以相较于劳动密集型企业，资本密集型企业生产率增速要低。第三，国有企业（$Soe_{i,t-1}$）的系数为负，说明国有企业的生产率增速低于其他类型企业，这与我国国有企业特殊的经济背景密切相关，长期以来，国有企业拥有较多的政策扶植，生产经营免受市场竞争的历练，所以导致其忽略了对生产率的提升。第四，企业盈利情况（$Pro_{i,t-1}$）的系数为负，意味着盈利企业在下一年的生产率增速会小于亏损企业，这是因为，亏损企业为了在下一年扭转现状，会着眼于生产率的提高，而与此相对比，盈利企业对生产率提升的动力则略显不足，所以在这种情况下，亏损企业显现出较快的生产率增速。

8.4 本章小结

本章在扩展边际视角下考察了生产率与出口企业市场进入次序之间的双向影响，创造性地提出了两个问题：一是市场进入次序是基于企业生产率而作出的“自选择”吗；二是市场进入次序会影响企业出口后的生产率增速吗？为回答这两个问题，本章首先基于《中国海关数据库》和《中国工业企业数据库》的匹配数据，筛选出在2000～2006年间进行新的产品—市场组合出口的中国工业企业，并利用OLS、OP和LP三种方法对其生产率进行测算。其次，利用二值Logit回归检验企业生产率对其充当开拓者概率的影响，结果发现，生产率高的企业在新组合出口中倾向于充当开拓者，即出口的进入次序是企业基于生产率的自选择过程。在此基础上，以产品种类进行分组，进一步发现在初级产品和农产品中，生产率的上述作用尚未得到显著的发挥，而在资本要素和技术要素含量较高的制成品中，企业生产率的作用得以彰显。最后，本章以企业出口后的生产率增速为被解释变量，考察了进入次序对企业生产率增速的影响，发现在短期内，开拓者的生产率提高速度小于出口延迟者，但是随着时间流逝，开拓者克服了信息劣势，相较于较出口延迟者呈现出更高的生产率增长速度。因此，出口延迟者受益于开拓者的长期生产率效应相对比较有限。

第 9 章

结论与政策建议

9.1 主要结论

首先，本书在理论假设的基础上提出，企业延迟出口的动因在于，出口开拓者在国际市场上积累的知识，不仅有利于提高出口管理水平，而且有利于降低在外国市场上经营的不确定性，因此对出口延迟者而言，等待和延迟提高了产品出口的盈利性。从长期来看，在其他条件相同时，这些知识和信息大大提高了出口延迟者的收益，甚至有可能产生出口收益最大化。

其次，本书通过匹配《中国工业企业数据库》和《中国海关数据库》，沿着扩展边际筛选出 2001 ~2006 年间中国出口的“新的产品—市场组合”，并分别从出口总体特征、新组合特征、产品和国家特征和企业特征等角度，全面刻画中国 2001 ~2006 年出口开拓者与出口延迟者在进行新组合出口时所做出的市场进入次序选择。结果显示，在本书所整理的 865241 个观测样本中，出口延迟者的观测样本为 13537 个，占比高达 79.65%，反映了出口延迟者在我国新组合出口中的重要作用。与此同时，与出口开拓者个数逐年递减的趋势不同，出口延迟者个数在样本期内大幅增加，从 2002 年的 992 家激增至 2006 年的 7911 家，这既得益于新组合数累计量的逐年增加，也得益于出口开拓者溢出效应的存在。在此基础上，考虑到越来越多的出口企业转化为对外直接投资（OFDI）企业，本章一并给出了这些企业在海外扩张、进入国际市场的过程中所展现出的投资延迟特征。

再次，本书采用多种计量方法依次回答和检验了三个基本性问题：（1）在每一种提升扩展边际的新组合中，企业是充当出口开拓者还是出口延迟者的选择，是由企业微观特征和东道国宏观环境共同决定的，其中规模越大、生产率越高、生产成本越低、面临的竞争越小、信贷约束越弱的企业，越倾向于充当扩展边际提升的出口开拓者。（2）在面对多种新组合时，不同企业如何决策充当出口开拓者与出口延迟者的次数（是只充当一种新组合的出口开拓者或出口延迟者，还是选择在多种新组合中扮演出口开拓者或出口延迟者的角色），其决策是由规模、生产率、信贷约束等异质性因素所决定的，且在不同所有权性质企业中呈现出明显的差异。（3）一旦企业决定在某些新组合中成为出口延迟者，那么何时跟随出口开拓者进入市场（是在出口开拓者出口后立即跟随还是在出口开拓者出口几年后再进行跟随），还会受到出口开拓者出口成长绩效及其产品特性的影响，进一步验证了出口开拓者与出口延迟者之间的拥挤效应与溢出效应。

在此基础上，本书还将出口延迟者拓展到投资延迟者，采用2000～2010年《中国工业企业数据库》与《境外投资企业（机构）名录》的匹配数据，运用Cox模型等对3013个企业—市场投资样本进行生存分析，结果发现，我国高达88%的OFDI企业会选择成为延迟投资者，其影响因素在于：中国较高的真实利率会降低企业立即投资的概率，促使企业延迟投资；企业的生产率越高、东道国经济增长越快，越会促进企业尽早投资；较少的企业出口经验、较大的东道国投资风险与两国较远的地理距离均会增大企业投资的不确定性，促使企业推迟投资；国有企业和东部地区企业的投资延迟时间长于非国有企业和中西部企业。

最后，本书重点考察出口延迟者获取的短期溢出效应和长期溢出效应。对于短期溢出效应，本书主要从两个角度加以验证：一是成功的开拓者是否拥有更多的出口延迟者？结果证实，在控制新组合出口时间的情况下，出口延迟者个数随着开拓者生存年限的延长而增加，验证了出口延迟者受益于开拓者溢出效应的假设，而基于产品种类的分组检验进一步显示这种溢出效应在制成品中作用较小；二是出口延迟者是否比开拓者拥有更多的出口量？结果表明，在出口的第一年，出口延迟者的出口总量明显高于开拓者，而且这种差异主要来源于企业出口数量，而非价格水平，进一步证实了出口延迟者受益于开拓者的事实，而基于产品种类的分组检验也再次予以了佐证。

对于长期溢出效应，本书同样提出与回答了两个问题：一是出口企业延迟进入国际市场，是否是基于企业生产率而做出的“自选择”吗？结果证实，高生产率企业在出口中倾向于充当开拓者，而低生产率企业则倾向于充当出口延迟者。基于产品种类的分组检验进一步显示，企业生产率的自选择作用在制成品出口中得以彰显，但在初级产品和农产品出口中并不显著。二是市场进入次序会对企业出口后生产率的提升速度产生不同影响吗？结果表明，在短期内，出口延迟者的生产率增速高于开拓者，但是随着时间推移，开拓者的先发优势愈发显著，其生产率增速明显优于出口延迟者。换言之，从长期来看，出口延迟者获取的长期溢出效应相对有限。

9.2 政策建议

9.2.1 微观含义与建议

从微观角度来看，出口企业的决策不仅包括出口产品、出口价格、出口数量和出口市场等选择，还应包括出口时机和次序的决策，这就要求我国出口企业高度重视出口时机和次序选择的重要性，并能正确认识和利用出口延迟的期权价值来实现其出口利润的最大化。与此同时，企业在新组合出口中的次序选择，应建立在审慎考量自身微观特征与东道国宏观经济特征的基础上，科学、全面地确定出口企业作为出口开拓者抑或出口延迟者的先发优势和后发优势。

其一，出口企业市场进入次序选择的正确与否直接关系到企业在海外市场出口的成败，所以在新组合出口中，企业应结合自身特征和外部环境进行市场进入次序的选择。首先，所谓“知己知彼，百战不殆”，出口企业在进行新组合出口时，应以自身特定优势为基础进行市场进入次序的选择。这就要求企业在进行新组合出口前，对自身规模、生产率和信贷约束等特定优势有一个全面的认知，并在此基础上，充分了解自身充当出口开拓者或出口延迟者的优势和劣势。其次，在各种影响因素中，生产率是企业国际市场竞争力的主要来源，可以提高企业在国外市场经营的利润。在出口决策中，企业不仅要根据生产率异质性决定是否出口，而且还要据此判断与选择是充当开拓者还是延迟者的角色，以便在出口中做出正确而全面的决策。最后，分别从企业自身以及外部环境等方面准确衡量新组合出口面临的不确定性和风险，分析并提高企业自身对抗和把控这种不确定的能力。

其二，在积极充当开拓者的同时，企业应高度重视新组合出口的风险。新组合的开拓无疑会给企业带来一定的先发优势，有利于企业占领海外市场，获取出口收益。但值得注意的是，由于没有现成的经验可供借鉴，开拓者在新组合出口中面临的不确定较大，对风险的预见能力和把控能力也较弱，导致开拓者在最初几年的退出率较高。所以，企业在进行新组合开拓时，应高度重视新组合出口的风险。这要求企业对自身作为开拓者面临的不确定性风险进行深层次和全方面的剖析。并在此基础上，通过人才引进、培训等途径培育一批高素质、通规则、复合型的专业团队，一方面负责对新组合开拓风险进行前期的调研和衡量，保证企业在有足够能力应对此风险的前提下再进行开拓，另一方面也负责对企业出口开拓时的风险进行全程监控，提高企业面对海外风险的抵抗能力。

其三，出口延迟者在是否进入、何时进入及出口额选择等方面要充分利用开拓者的信息溢出效应。一方面，潜在出口者应密切关注开拓者的出口状况，剖析其所反映出的深层次信息，正确认识和利用出口延迟获得开拓者的溢出效应，最大限度地把握新组合出口的相关情况，减少自身出口所面临的不确定性风险。另一方面，企业除通过自身努力获得开拓者的信息溢出效应外，还要积极与各政府职能部门交流沟通，获取政府部门的权威信息资源，尽可能多地知晓新组合出口的信息，减少出口面临的不确定风险，进而审慎决定其在是否进入、何时进入以及出口额方面的选择。

9.2.2 宏观含义与建议

从宏观角度看，出口开拓者对出口延迟者溢出效应的存在，会在一定程度上抑制企业在新组合出口中进行充当开拓者的积极性，并会进一步抑制我国出口贸易扩展边际的提高。因此，在经济新常态下，为保持我国出口贸易的稳定发展，促进更多产品—市场组合的出口，是提高扩展边际、促进出口可持续发展的应有之意，这就要求政府一方面必须有效引导出口企业之间形成“竞合关系”，充分利用企业之间的拥挤效应和溢出效应，形成“出口竞争新优势”；另一方面，政府应积极转变传统的贸易扶植方法，鼓励企业在新组合出口中充当开拓者并对此类企业给予符合国际规则的补贴，以此刺激中国在扩展边际的增长。

其一，政府部门应高度重视企业生产率对我国出口扩展边际的间接作用，积极采取措施促进我国企业生产率的提升，鼓励和帮助企业在新组合出口中勇当开拓者，进一步带动我国出口贸易扩展边际的提升，促进我国贸易可持续性与稳定性增长。同时，通过增强企业之间的竞争，减少行业垄断，促使面临激烈竞争的企业能够基于拥挤效应的存在尽早占领国际市场。

其二，发挥企业之间的合作意识，保证企业间溢出效应的顺畅流通，并可通过行业协会等机构，及时沟通海外市场情况，保证出口延迟者及时获取出口信息。与此同时，政府也要建立企业之间有效的沟通机制，畅通开拓者与延迟者的信息传递渠道，降低中国企业在海外出口的失败率，为中国贸易持续稳定的发展提供新的动力。

其三，鉴于信贷约束是制约企业充当出口开拓者的重要制约因素，有关政府部门和金融部门应进一步拓宽企业的融资渠道，缓解企业（尤其是中小私营企业）融资难等问题，为企业出口新产品、开拓新市场提供前提条件。

其四，政府应该转变贸易扶持的传统做法，譬如对率先出口新组合的中小企业予以符合国际规则的补贴，在市场进入层面帮助企业形成出口竞争新优势，从而促进贸易政策与措施更加合理化。

9.3 对未来研究的进一步思考

本书在写作过程中，除了采用大样本官方数据库进行实证检验之外，还选择了问卷调查，其主要原因在于，对中国海关出口企业数据库和中国工业企业数据库合并的结果，必然导致数据分析和实证检验均以“全部国有及规模以上非国有工业企业”为研究对象，忽略了销售额在500万元以下的非国有中小企业在出口次序中的选择。因此，为了弥补和完善实证检验与分析，本书还通过各种渠道向全国各地区、各行业的中小出口企业发放“中国出口企业进入市场次序选择”的调查问卷，获得一手微观数据资料。

但是，从已经回收的部分中小企业问卷调查结果来看，中小企业对企业市场进入次序几乎没有概念，在其决策的过程中对出口开拓者和出口延迟者的角色和优劣几乎没有形成清晰的认知。究其原因，这些中小企业除了决策的一定盲目性之外，主要是比较依赖贸易中介进行间接出口，从而弱化了开拓抑或跟随的决策性。换言之，问卷调查结果提出了一个重要的新话题，即贸易中介在出口企业市场进入次序中所扮演的角色。

众所周知，在传统国际贸易理论中，对于贸易中介（Trade Intermediaries，TIs）的重要性及其作用机制的研究，一直是一个“真空地带”。近年来异质性企业贸易理论的兴起，不仅为贸易中介的讨论提供了可行的理论分析框架，而且对贸易中介出口地位、影响因素及其贸易利得的研究，也逐渐成为国际贸易领域的热点话题。在2010年美国经济学会年会上，异质性贸易理论的领军人物之一、哈佛大学Antràs教授，更是专门组织了一场关于贸易中介的研讨会，吸引了数位国际贸易领域的一流经济学家就贸易中介问题展开讨论。究其原因，目前大多数基于微观企业数据的出口行为研究忽视了贸易中介的作用，其结果是只能解释“部分”出口现象，并且大大高估了出口企业的“自选择”行为。同时，由于贸易中介的存在可以改变出口市场的进入成本，导致生产率低的企业仍然有可能出口至外国市场，打破了绝大多数文献仅仅研究直接出口的局限性，也对备受争议的“生产率悖论”给出了更为科学的解释。正是在这种背景下，贸易中介所主导的中介贸易已经成为异质性贸易理论中企业间贸易、企业内贸易之外的第三类贸易形态（Bernard et al.，2011）[①]。

反观中国贸易中介的发展现状，一方面，贸易中介对我国出口总额的贡献率长期稳定在20%以上（Ahn et al.，2011[②]；Tang and Zhang，2011[③]），成为中国企业参与国际贸易、开拓海外市场和主导全球价值链的重要力量之一（关利欣和洪俊杰，2012）[④]。另一方面，虽然我国贸易中介的数量从2002年的9646家增加到2006年的37024家，在全部出口企业中的占比也相应地从12.3%迅速上升至21.5%，但是其出口额占比却从2002年的27.7%下降到2006年的21.1%（Tang and Zhang，2011）。与此形成鲜明对比的是，随着电子商务模式的兴起与迅猛发展，我国贸易中介的形式和功能都发生了巨大改变。基于世界银行2012年的“中国企业

① Bernard, A. B., Redding, S. J. and Schott, P. K., 2011, “Multi-product Firms and Trade Liberalization”, *Quarterly Journal of Economics*, 126 (3), pp. 1271 – 1318.

② Ahn, J., Amit K. K. and S. Wei, 2011, “The Role of Intermediaries in Facilitating Trade”, *Journal of International Economics*, 84, pp. 73 – 85.

③ Tang H. and Y. Zhang, 2012, “Quality differentiation and trade intermediation”, mimeo, Tufts University.

④ 关利欣、洪俊杰：《从贸易中介入手加快我国对外贸易转型升级》，载《国际贸易》2012年第3期。

调查”发现，电子商务正在促使我国更多的企业（特别是中小企业）选择贸易中介这种间接出口模式，提高了我国企业间接出口的比例（茹玉骢和李燕，2014）[①]。因此，贸易中介在出口企业市场进入次序中所扮演的角色，不仅目前尚无定论，而且这种角色很可能处于较大的动态调整之中，这是值得未来深入研究的方向之一。

① 茹玉骢、李燕：《电子商务、贸易中介与企业出口方式选择》，载《浙江学刊》2014 年第 6 期。

参考文献

[1] 陈勇兵、李燕、周世民：《中国企业出口持续时间及其决定因素》，载于《经济研究》2012 年第 7 期。

[2] 丁淑娟：《实物期权视角下外资银行进入时机研究》，山东大学博士学位论文，2012。

[3] 关利欣、洪俊杰：《从贸易中介入手加快我国对外贸易转型升级》，载于《国际贸易》2012 年第 3 期。

[4] 孙灵燕、李荣林：《融资约束限制中国企业出口参与吗?》，载于《经济学（季刊)》2011 年第 1 期。

[5] 钱学锋：《企业异质性、贸易成本与中国出口增长的二元边际》，载于《管理世界》2008 年第 9 期。

[6] 钱学锋、王胜、陈勇兵：《中国的多产品出口企业及其产品范围：事实与解释》，载于《管理世界》2013 年第 1 期。

[7] 钱学锋、熊平：《中国出口增长的二元边际及其因素决定》，载于《经济研究》2010 年第 1 期。

[8] 茹玉骢、李燕：《电子商务、贸易中介与企业出口方式选择》，载于《浙江学刊》2014 年第 6 期。

[9] 施炳展：《中国出口增长的三元边际》，载于《经济学（季刊)》2010 年第 9 卷第 4 期，1311 - 1330。

[10] 王媛、贾生华：《不确定性、实物期权与政府土地供应决策：来自杭州的证据》，载于《世界经济》2012 年第 3 期。

[11] 于洪霞、龚六堂、陈玉宇：《出口固定成本融资约束与企业出口行为》，载于《经济研究》2011 年第 4 期。

[12] 赵伟、韩媛媛、赵金亮：《融资约束、出口与中国本土企业创新：机理与实证》，载于《当代经济科学》2012 年第 6 期。

[13] 于春海、郑悦：《所有权结构、贸易模式与出口—生产率关系——理论与中国实证》，中国人民大学国家发展与战略研究院专题研究

报告 WEP201406。

[14] 张小茜、汪炜、史晋川：《利率市场化与信贷配给——一个基于 IRR 的实物期权模型》，载于《金融研究》2007 年第 3 期。

[15] Abel, A. , 1996, "Options, the Value of Capital, and Investment" *Quarterly Journal of Economics*, 111 (3), pp. 753 – 777.

[16] Abel-Koch, J. , 2013, "Who Uses Intermediaries in International Trade? Evidence from Firm-level Survey Data", *The World Economy*, 36 (8), pp. 1041 – 1064.

[17] Akerman, A. , 2014, "A theory on the role of wholesalers in international trade based on economies of scope", mimeo, Stockholm University.

[18] Ahn, J. , Amit K. K. and Ss Wei, 2011, "The Role of Intermediaries in Facilitating Trade", *Journal of International Economics*, 84, pp. 73 – 85.

[19] Albornoz, F. , F. Hector. , C. Pardo. , G. Corcos and E. Ornelas, 2012, "Sequential Exporting", *Journal of International Economics*, 88 (1), pp. 17 – 31.

[20] Alvarze, R. and R. A. Lopez, 2005, "Exporting and Performance: Evidence from Chilean Plants", *Canadian Journal of Economics*, 35 (4), pp. 1384 – 1400.

[21] Alvarez, L. , 1999, "Optimal Exit and Valuation under Demand Uncertainty: A Real Options Approach", *European Journal of Operational Research*, 114 (2), pp. 320 – 329.

[22] Alvarez, R. , H. Faruq and R. A. López, 2010, "Is Previous Exporting Experience Relevant for New Exports?", Working Papers Central Bank of Chile, Central Bank of Chile, 599.

[23] Amiti, M. , and C. Freund, 2008, "The Anatomy of China's Export Growth", *Social Science Electronic Publishing*, 199 (5), pp. 1 – 29.

[24] Amurgo-Pacheco, A. and M. D. Piérola, 2008, "Patterns of export-diversification in eeveloping countries: intensive and extensive margins", HEI Working Paper, No. 20/2007.

[25] Antras, P. , 2003, "Firms, Contracts and Trade Structure", *Quarterly Journal of Economics*, 11, pp. 1375 – 1418.

[26] Antras, P. and A. Costinot, 2010, "Intermediation and Economic

Integration", *American Economic Review*, Papers and Proceedings, 100 (2), pp. 424 –428.

[27] Anderson, P. and E. Anderson , 2002, "The new E-commerce intermediaries", *MIT Slogan Management Review*, 4, pp. 53 –62.

[28] Arrow, K. , 1962, "The Economic Implications of Learning by Doing", *The Review of Economic Studies*, 29 (3), pp. 155 –173.

[29] Aw, B. Y. , M. J. Roberts and Y. X. Daniel, 2011, "R&D Investment, Exporting, and Productivity Dynamics", *American Economic Review*, 101 (4), pp. 1312 –1344.

[30] Bai X. , K. Krishna and H. Ma, 2013, "How You Export Matters: Export Mode, Learning and Productivity in China", mimeo, Pennsylvania State University.

[31] Black, F. and M. Scholes, 1973, "The Pricing of Options and Corporate Liabilities", *Journal of Political Economy*, 81 (3), pp. 637 –659.

[32] Baldwin, W. L. and G. L. Childs, 1969, "The fast second and rivalry in research and development", *Southern Economic Journal*, 36 (1), pp. 18 –24.

[33] Baldwin, R. , 1998, "Hysteresis in Import Prices: the Beachhead Effect", *American Economic Review*, 78 (4), pp. 773 –785.

[34] Baldwin, J. R. and W. Gu, 2003, "Export-Market Participation and Productivity Performance in Canadian Manufacturing", *Canadian Journal of Economics*, 36 (3), pp. 634 –657.

[35] Bardhan, P. , 1971, "An Optimum Subsidy to A Learning Industry, An Aspect of the Theory of Infant Industry Protection", *International Economic Review*, 12, pp. 54 –70.

[36] Becker, B. , J. Chen, and D. Greenberg, 2013, "Financial Development, Fixed Costs, and International Trade", *Review of Corporate Finance Studies*, 2 (1), pp. 1 –28.

[37] Bernanke, B. S. , 1983, "Irreversibility, Uncertainty, and Cyclical Investment", *The Quarterly Journal of Economics*, 98 (1), pp. 85 –106.

[38] Bernard, A. B. and J. B. Jensen, 2004, "Why Some Firms Export", *Review of Economics and Statistics*, 86 (2), pp. 561 –569.

[39] Bernard, A. B, J. B. Jensen. , S. J. Redding and P. K. Schott,

2009, “The Margins of US Trade”, *American Economic Review*, 99 (2), pp. 487 –493.

[40] Bernard, A. B., Jensen J. B., Redding S. J. et al., 2010, “Wholesalers and retailers in US trade”, *American Economic Review*, 100 (2), pp. 408 –413.

[41] Bernard, A. B., Redding, S. J. and Schott, P. K., 2011, “Multiproduct firms and trade liberalization”, *Quarterly Journal of Economics*, 126 (3), pp. 1271 –1318.

[42] Bernard, Andrew B., Macro Grazzi and Chiara Tomasi, 2013, “Intermediaries in international trade: direct versus indirect modes of export”, NBER Working Paper No. 17711.

[43] Bernard, Andrew B., M. Grazzi and C. Tomasi, 2014a, “Intermediaries in international trade: Margins of trade and export flows”, NBER Working Paper, May.

[44] Bernard, Andrew B., E. J. Blanchard, I. Van Beveren and H. Vandenbussche, 2014b, “Carry-Along trade”, NBER Working Paper, November.

[45] Besedes, T. and T. J. Prusa, 2011, “The Role of Extensive and Intensive Margins and Export Growth”, *Journal of Development Economics*, 96 (2), pp. 371 –379.

[46] Besedes, T., B. C. Kim and V. Lugovskyy, 2014, “Export Growth and Credit Constraints”, *European Economic Review*, 70, pp. 1 –44.

[47] Blandon, J. G., 2001, “The Timing of Foreign Direct Investment under Uncertainty: Evidence from the Spanish Banking Sector”, *Journal of Economic Behavior and Organization*, 45, pp. 213 –224.

[48] Blum, B. S, S. Claro and I. Horstmann, 2010, “Facts and Figures on International Trade”, *American Economic Review*, Papers and Proceedings, 100 (2), pp. 419 –423.

[49] Boulding, W. and M. Christen, 2003, “Sustainable Pioneering Advantage? Profit Implications of Market Entry Order”, *Marketing Science*, 22 (3), pp. 371 –392.

[50] Brealey, R. and S. C. Myers, 1991, *Principles of Corporate Finance*, New York, McGraw-Hill, 4th edition, Ch. 21.

[51] Brooks, E., 2006, "Why Don't Firms Export More? Product Quality and Colombian Plants", *Journal of Development Economics*, 80 (1), pp. 160 – 178.

[52] Buckley, P. J., M. C. Casson and M. A. Gulamhussen, 2002, "Internationalisation-Real Options, Knowledge Management and the Uppsala Approach", In Havila, V., Forsgren, M., Hakansson, H. (Eds.), Critical Perspectives on Internationalization. Pergamon, Oxford, pp. 229 – 261.

[53] Carlson, S., 1966, "International Business Research." Uppsala: Acta Universitatis Upsaliensis Casillas, J. C. and A. M. Moreno-Menendez., 2013, "Speed of the Internationalization Process: The Role of Diversity and Depth in Experiential Learning." *Journal of International Business Studies*, 45 (1), pp. 85 – 101.

[54] Casillas, J. C. and A. M. Moreno-Menendez, 2013, "Speed of the Internationalization Process: The Role of Diversity and Depth in Experiential Learning.", *Journal of International Business Studies*, 45 (1), pp. 85 – 101.

[55] Casillas, J. C., J. L. Barbero and H. J. Sapienza, 2015, "Knowledge Acquisition, Learning, and the Initial Pace of Internationalization.", *International Business Review*, 24, pp. 102 – 114.

[56] Casson, M. C., 1994, "Internationalization as a Learning Process: A model of Corporate Growth and Geo-graphical Diversification.", Revued 'Economie Industrielle, Special issue, pp. 109 – 134.

[57] Chaney, T., 2013, "Liquidity constrained exporters", NBER Working Paper No. 19170.

[58] Chaney, T., 2008, "Distorted Gravity: The Intensive and Extensive Margins of International Trade", *American Economic Review*, 98 (4), pp. 1707 – 1721.

[59] Chung, H. J., C. C. Chen and T. J. Hsieh, 2007, "First Geographic Expansion of Startup Firms: Initial Size and Entry Timing Effects.", *Journal of Business Research*, 60, pp. 388 – 395.

[60] Chan, Jackie M. L., 2014, "Trade intermediation financial frictions, and the gains from trade", Job Marketing Paper, Stanford University.

[61] Cho, H. and Tansuhaj P. S., 2011, "Electronic intermediaries: Research and practice of electronic intermediaries in export marketing", *Innova-*

tive Marketing, 7 (3), pp. 40 – 51.

[62] Cleary, S., P. Povel and M. Raith, 2007, "The U-shaped Investment Curve: Theory and Evidence", *Journal of Financial and Quantitative Analysis*, 42, pp. 1 – 40.

[63] Copeland, T. and V. Antikarov, 2001, *Real Options: A Practitioner's Guide*, New York: Texere.

[64] Cox, D. R., 1972, "Regression Models and Life Tables", *Journal of the Royal Statistical Society*, 34, pp. 187 – 220.

[65] Cox, J., A. Ross and M. Rubinstein, 1979, "Option Pricing: A Simplified Approach", *Journal of Financial Economies*, 9 (7), pp. 229 – 263.

[66] Crozet, Matthieu, Guy Lalanne and Sandra Poncet, 2013, "Wholesalers in International Trade", *European Economic Review*, 58, pp. 1 – 17.

[67] Das, S. M., J. Roberts and J. R. Tybout, 2007, "Market Entry Costs, Producer Heterogeneity and Export Dynamics", *Econometrica*, 75 (3), pp. 837 – 873.

[68] Dangl, T., 1999, "Investment and Capacity Choice under Uncertain Demand", *European Journal of Operational Research*, 117 (3), pp. 415 – 428.

[69] Dean, J., 1951, *Capital Budgeting*, Columbia University Press.

[70] Dixit, A., 1989, "Entry and Exit Decision Under Uncertainty", *Journal of Political Economy*, 97, pp. 620 – 638.

[71] Dixit, A. K and R. S. Pindyck, 1994, *Investment under Uncertainty*, Princeton University Press.

[72] Eaton, J., E. Marcela., M. Kuglery and J. Tybout, 2008, "Export Dynamics in Colombia: Transactions Level Evidence", Borradores de Economia, Banco de la Republica de Colombia 522, Banco de la Republica de Colombia.

[73] Eaton, J., Marcela., E., David., J., Krizand, C. J., Tybout, J., 2014, A Search and Learning Model of Export Dynamics, Working Paper, The Pennsylvania State University.

[74] Ellis, P. D., 2010, "Trade Intermediaries: The Transfer of Marketing Knowledge", *International Business Review*, 19 (1), pp. 16 – 33.

[75] Felbermayr, G. J. and W. Kohler, 2004, "Exploring the Intensive

and Extensive Margins of World Trade", *Review of World Economics*, 142 (4), pp. 642 -674.

[76] Felbermayr, G. and B. Jung, 2011, "Trade Intermediation and the Organization of Exporters", *Review of International Economics*, 19 (4), pp. 634 -648.

[77] Fernandez-Blanco, Javier, 2012, "A Directed Search Model of Intermediated Trade", *European Economic Review*, 56, pp. 1481 -1494.

[78] Figueira-de-Lemos, F., J. Johanson and J. E. Vahlne, 2011, "Risk Management in the Internationalization Process of the Firm: A Note on the Uppsala Model.", *Journal of World Business*, 45 (2), pp. 143 -153.

[79] Fisch, J. H., 2008, "Internalization and Internationalization Under Competing Real Options", *Journal of International Management*, 14, pp. 108 -123.

[80] Frynas, J., K. Mellahi and G. Pigman, 2006, "First Mover Advantage in International Business and Firm-specific Resources", *Strategic Management Journal*, 27, pp. 321 -345.

[81] Fuentelsaz, L., J. Gomez and L. Polo, 2002, "Followers' Entry Timing: Evidence from the Spanish Banking Sector after Deregulation", *Strategic Management Journal*, 23 (3), pp. 245 -264.

[82] Gaba, V., Y. Pan and G. Ungson, 2002, "Timing of Entry in International Market: An Empirical Study of U. S. Fortune 500 Firms in China", *Journal of International Business Studies*, 33 (1), pp. 39 -55.

[83] Ghemawat, P. and A. M. Spence, 1985, "Learning Curve Spillovers and Market Performance", *Quarterly Journal of Economics*, 100, pp. 839 -852.

[84] Goldberg, P., A. Khandelwal, N. Pavcnik and P. Topalova, 2010, "Multi-product Firms and Product Turnover in the Developing World: Evidence from India", *Review of Economics and Statistics*, 92 (4), pp. 1042 -1049.

[85] Greenaway, D. and R. Kneller, 2004, "Exporting and Productivity in the United Kingdom", *Oxford Review of Economic Policy*, 20 (3), pp. 358 -371.

[86] Greenaway, D., A. Guariglia and R. Kneller, 2007, "Financial Factors and Exporting Decisions". *Journal of International Economics*, 73, pp. 377 -395.

[87] Grenadier, S. R. and N. Wang, 2003, "Incentives and investment timing: real options in a principal-agent setting", Simon School of Business Working Paper No. FR 03 – 12.

[88] Hauser, J. R. and S. M. Shugan, 1983, "Defensive Marketing Strategies", *Marketing Science*, 29 (Fall), pp. 319 – 360.

[89] Hausmann, R., and D. Rodrik, 2003, "Economic Development as Self-Discovery", *Journal of Development Economics*, 72, pp. 603 – 633.

[90] Hallak, J. C and J. Sivadasan, 2013, "Product and Process Productivity: Implications for Quality Choice and Conditional Exporter Premia", *Journal of International Economics*, 91 (1), pp. 53 – 67.

[91] Hayes, R. H. and J. Abernathyw, 1980, "Managing Our Way to Economic Decline", *Harvard Business Review*, 61 (7), pp. 67 – 77.

[92] Helpman, E., Melitz M. J. and S. R. Yeaple, 2004, "Export versus FDI with Heterogeneous Firms", *American Economic Review*, 94 (1), pp. 300 – 316.

[93] Hewerdine, L. and C. Welch, 2013, "Are International New Ventures Really New? A Process Study of Organizational Emergence and Internationalization.", *Journal of World Business*, 45, pp. 466 – 477.

[94] Hoff, K., Bayesian Learning in an Infant Industry Model, *Journal of International Economics*, 1997, 43, pp. 409 – 436.

[95] Hummels, D. and Klenow, P. J., 2005, "The Variety and Quality of a Nation's Exports", *American Economic Review*, 95 (6), pp. 704 – 723.

[96] Iacovone, L. and B. Javorcik, 2010, "Multi-product Exporters: Product Churning, Uncertainty and Export Discoveries", *Economic Journal*, 120, pp. 481 – 499.

[97] Jarreau, J and S. Poncet, 2014, "Credit Constraints, Firm Ownership and The Structure of Exports in China", *International Economics*, 139, pp. 152 – 173.

[98] Johnson, J. and G. J. Tellis, 2008, "Drivers of Success for Market Entry into China and India", *Journal of Marketing*, 72 (3), pp. 1 – 13.

[99] Johanson, J., and Vahlne, J. E, 1977, "The Internationalization Process of the Firm", *Journal of International Business Studies*, 8, pp. 23 – 32.

[100] Johanson, J., and Vahlne, J. E. 2009, "The Uppsala Internationalization Process Model Revisited-From Liability of Foreignness to Liability of Outsidership", *Journal of International Business Studies*, 40, pp. 1411 - 1431.

[101] Kaplan, E. L. and P. Meier., 1958, "Nonparametric Estimation from Incomplete Observations", *The Journal of the American Statistical Association*, 53, pp. 457 - 481.

[102] Kerin, R. A., P. R. Varadarajan and R. A. Peterson., 1992, "First-mover Advantage: A Synthesis, Conceptual Framework, and Research Propositions", *Journal of Marketing*, 56 (4), pp. 33 - 52.

[103] Kester, W. C., 1984, "Today's Options for Tomorrow's Growth", *Harvard Business Review*, 62 (2), pp. 153 - 160.

[104] Kobrin, S. J., 1991, "An Empirical Analysis of the Determinants of Global Integration", *Strategic Management Journal*, 12 (1), pp. 17 - 31.

[105] Koenig, P., Mayneris F., Poncet S., 2010, Local Export Spillovers in France, *European Economic Review*, 54, pp. 622 - 641.

[106] Krugman, P., 1980, "Scale Economics, Product Differentiation, and the Pattern of Trade", *American Economic Review*, 70 (5), pp. 950 - 959.

[107] Kugler, M. and E. Verhoogen, 2012, "Product Quality at the Plant Level: Plant Size, Exports, Output Prices and Input Prices in Colombia". *Review of Economic Studies*, 79 (1), pp. 307 - 339.

[108] Lawless, M. and K. Whelan, 2014, "Where Do Firms Export, How much and Why?", *World Economy*, 37 (8), pp. 1027 - 1050.

[109] Leamer, E. E., 1984, "Sources of International Comparative Advantage: Theory and Evidence", Cambridge, MA: MIT press.

[110] Levinsohn, J. and A. Petrin, 2003, "Estimating Production Functions Using Inputs to Control for Unobservables", *Review of Economic Studies*, 70 (2), pp. 317 - 341.

[111] Lieberman, M. B. and D. B. Montgomery, 1988, "First-Mover Advantages", *Strategic Management Journal*, 9, pp. 41 - 58.

[112] Lieberman, M. B., D. B. Montgomery, 1998, "First-Mover Advantages: Retrospective and Link with the Resource-Based View", *Strategic Management Journal*, 19, pp. 1111 - 1125.

[113] Lilien, G. L. & Yoon, E., 1990, "The Timing of Competitive Market Entry: An Exploratory Study of New Industrial Products", *Management Science*, 36 (5), pp. 568 – 585.

[114] Lu, Jiangyong, Lu Yi and Tao Zhigang, 2011, "Intermediaries, firm heterogeneity and exporting behavior", mimeo, University of Hong Kong.

[115] MaCann, Fergal, 2013, "Indirect exporters", *Journal of Industry, Competition and Trade*, 13 (4), pp. 519 – 535.

[116] Manova, Kalina, 2013, "Credit constraints, heterogeneous firms and international trade", *Review of Economic Studies*, 80, pp. 711 – 744.

[117] McDonald, R. and D. Siegel, 1986, "The value of waiting to invest", *Quarterly Journal of Economics*, 101 (4), pp. 727 – 728.

[118] McDougall, P. and B. M. Oviatt, 2003, "Some Fundamental Issues in International Entrepreneurship", Mimeo Available at www. usasbe. org/knowledge/whitepapers/mcdougall 2003. pdf.

[119] Melitz, M., 2003, "The Impact of Trade on Intra-Industry Reallocations and Aggregate Industry Productivity", *Econometrica*, 71 (6), pp. 1695 – 1725.

[120] Milne, A., and A. Whalley, 2000, "Time to Build, Option Value and Investment Decisions': a Comment.", *Journal of Financial Economics*, 56, pp. 325 – 332.

[121] Mitchell, W., 1991, "Dual Clocks: Entry Order Influences on Incumbent and Newcomer Market Share and Survival When Specialized Assets Retain Their Value", *Strategic Management Journal*, 12 (2), pp. 85 – 100.

[122] Morales, E., G. Sheu and A. Zahler, 2014, "Gravity and Extended Gravity: Estimating a Structural Model of Export Entry", Working Paper 19916.

[123] Morales, E., G. Sheu. and A. Zahler, 2011, "Gravity and Extended Gravity: Estimating a Structural Model of Export Entry", University Library of Munich, MPRA Paper 30311.

[124] Myers, S. C., 1977, "Determinants of corporate borrowing", *Journal of Financial Economics*, 5, pp. 147 – 175.

[125] Naude, W. and S. Rossouw, 2010, "Early International Entrepreneurship in China: Extent and Determinants", *Journal of International Entre-*

preneurship, 8 (1), pp. 87 – 111.

[126] Naude, W., T. Gries and N. Bilkic, 2013, "Firm-level Heterogeneity and the Decision to Export: A Real Option Approach", IZA DP, No. 7346.

[127] Naude, W., T. Gries and N. Bilkic, 2014, "Firm-level heterogeneity and the decision to export: a real option approach," IZA DP, No. 7346.

[128] Nguyen, D. X., 2012, "Demand uncertainty: Exporting Delays and Exporting Failures", *Journal of International Economics*, 86 (2), pp. 336 – 344.

[129] Olley, G. and A. Pakes, 1996, "The Dynamics of Productivity in the Telecommunications Equipment Industry", *Economitrica*, 64 (6), pp. 1263 – 1297.

[130] Olsson, R., L. E. Gadde and K. Hulthen, 2013, "The Changing Role of Middleman: Strategic Responses to Distribution Dynamics", *Industrial Marketing Management*, 42 (7), pp. 1131 – 1140.

[131] Park, A. and K. Sehrt, 2001, "Tests of Financial Intermediation and Banking Reforms in China", *Journal of Comparative Economics*, 29, pp. 608 – 644.

[132] Pennings, E. and O. Lint, 2000, "Market Entry, Phased Rollout or Abandonment? A Real Options Approach", *European Journal of Operational Research*, 124 (1), pp. 125 – 138.

[133] Petropoulou, Dimitra, 2011, "Information costs, networks and intermediation in international trade", Federal Reserve Bank of Dallas, Globalization and Monetary Policy Institute, Working Paper No. 76.

[134] Rauch, J. E., 1999, "Networks Versus Markets in International Trade", *Journal of International Economics*, 48 (1), pp. 7 – 35.

[135] Rivoli, P. and E. Salorio, 1996, "Foreign Direct Investment and Investment under Uncertainty.", *Journal of International Business Studies*, 27 (2), pp. 335 – 355.

[136] Roberts, M. J. and J. R. Tybout, 1997, "An Empirical Model of Sunk Costs and the Decision to Export", *American Economic Review*, 87 (4), pp. 545 – 64.

[137] Rosenbaum, J. E. , 1998, "College-for-all: Do Students Understand What College Demands?" *Social Psychology of Education*, 2 (1), pp. 55 – 80.

[138] Schmalensee, R. , 1982, "Product Differentiation Advantages of Pioneering Brands", *American Economic Review*, 72, pp. 349 – 365.

[139] Schwartz, E. S. and L. Trigeorgis, 2001, *Real Options and Investment under Uncertainty: Classical Readings and Recent Contributions*, Cambridge, MA: MIT Press.

[140] Schmeiser, K. N. , 2012, "Learning to Export: Export Growth and The Destination Decision of Firms", *Journal of International Economics*, 87, pp. 89 – 97.

[141] Schumpeter, J. A. 1961, "The Theory of Economic Development", *Oxford University Press*, New York.

[142] Segura-Cayuela, R. and J. M. Vilarrubia, 2008, "Uncertainty and entry into export markets", Banco de Espaa Working Paper, No. 0811.

[143] Sheard, N. , 2014, "Learning to Export and the Timing of Entry to Export Markets", *Review of International Economics*, 22 (3), pp. 536 – 560.

[144] Sollow, R. M. , 1957, "Technical Change and the Aggregate Production Function", *Review of Economics and Statistics*, 39, pp. 312 – 320.

[145] Spence, A. M. , 1979, "Investment strategy and growth in new market. ", *Bell Journal of Economics*, 10 (1), pp. 1 – 19.

[146] Spulber, D. F. , 1996, "Market microstructure and intermediation", *Journal of Economic Perspectives*, 10 (3), pp. 135 – 152.

[147] Sepulveda, M. , Angel, J. , Rodriguez, D. , 2014, Geographical and Industrial Spillovers in Entry Decisions Across Export Markets, MPRA Paper No. 53249.

[148] Simon, B. 2002, "Real Options-an Introduction and an Application to R&D Valuation", *The Engineering Economist*, 47 (2). pp. 151 – 168.

[149] Srinivasan, K. , 1988, "Pioneering versus early following in new product markets. ", Unpublished Ph. D. dissertation, University of California, Los Angeles, CA.

[150] Stevens, C. E. and B. J. Dykes, 2013, "The Home Country Cul-

tural Determinants of Firms' Foreign Market Entry Timing Strategies", *Long Range Planning*, 46, pp. 387 -410.

[151] Tang, H. and Y. Zhang, 2012, "Quality differentiation and trade intermediation", mimeo, Tufts University.

[152] Trigeorgis, L., 1993, "Real Options and Interactions with Financial Flexibility", *Financial Management*, 22 (3), pp. 202 -224.

[153] Varadarajan, P. R., 1986, "Horizontal Cooperative Sales Promotion: An Idea Whose Time Has Come", *Journal of Consumer Marketing*, 3 (1), pp. 15 -33.

[154] Wagner, R. and A. Zahler, 2014, "New Exports from Emerging Markets: Do Followers Benefit from Pioneers?", *Journal of Development Economics*, forthcoming, 2014.

[155] Wagner, R. and A. Zahler, 2015, "New Exporters from Emerging Markets: Do Followers Benefit from Pioneers?", *Journal of Development Economics*, 114, pp. 203 -223.

[156] Weerachart, T. K. and C. Qin, 2014, "Trade Through Endogenous Intermediaries", *Journal of Mathematical Economics*, 50 (3), pp. 262 -268.

[157] Wernerfelt, B. and A. Karnani, 1987, "Competitive Strategy under Uncertainty", *Strategic Management Journal*, 8, March-April, pp. 187 -194.

[158] Willner, R., 1995, "Valuing start-up venture growth options", In *Real Options in Capital Investment*, Trigeorgis L (ed.), Westport CT: Praeger, pp. 221 -239.